IFLA

International Federation of Library Associations and Institutions
Fédération Internationale des Associations de Bibliothécaires et des Bibliothèques
Internationaler Verband der bibliothekarischen Vereine und Institutionen
Международная Федерация Библиотечных Ассоциаций и Учреждений
Federación Internacional de Asociaciones de Bibliotecarios y Bibliotecas

IFLA Publications 89

Section on Management and Marketing
Section management et marketing

Adapting Marketing to Libraries in a Changing and World-wide Environment

Le marketing des bibliothèques á l´heure du changement et de la mondialisation

Papers presented at the 63rd IFLA Conference,
Copenhagen, September 1997

Edited by / Edité par
Réjean Savard

K · G · Saur München 2000

IFLA Publications
edited by Carol Henry

Recommended catalogue entry:

Adapting marketing to libraries in a changing and world wide environment :
papers presented at the 63rd IFLA conference, Copenhagen, September 1997 =
Le marketing des bibliothèques à l'heure du changement et de la mondialisation /
Section on Management and Marketing ; [International Federation of Library
Associations and Institutions]. Ed. by Réjean Savard. – München : Saur, 2000, IV, 89 p. 21 cm
(IFLA publications ; 89)
ISBN 3-598-21811-7

Die Deutsche Bibliothek - CIP-Einheitsaufnahme

Adapting marketing to libraries in a changing and world wide environment :
papers presented at the 63rd IFLA conference, Copenhagen, September 1997 =
Le marketing des bibliothèques à l'heure du changement et de la mondialisation /
Section on Management and Marketing ; [International Federation of Library
Associations and Institutions]. Ed. by Réjean Savard. – München : Saur, 2000
(IFLA publications ; 89)
ISBN 3-598-21811-7

∞

Printed on acid-free paper
The paper used in this publication meets the minimum requirements of American National
Standard for Information Sciences – Permanence of Paper for Printed Library Materials,
ANSI Z39.48.1984.

Printed / Bound by Strauss Offsetdruck, Mörlenbach

ISBN 3-598-21811-7
ISSN 0344-6891 (IFLA Publications)

CONTENTS

PREFACE

INTRODUCTION

APPLICATION OF MARKETING TECHNIQUES AMONG LIBRARIES

ADAPTING MARKETING TO PARTICULAR CONTEXTS

EPILOGUE

Remerciements

Je tiens à remercier tous ceux qui ont participé de près ou de loin à la publication de ces compte rendus, à commencer bien entendu par les auteurs sans qui ce recueil n'aurait pas pu voir le jour. Je tiens aussi à remercier particulièrement celles qui ont collaboré avec moi à l'organisation de l'atelier de Copenhague soit d'abord Christina Tovoté qui par ses nombreux contacts a permis de faire de cet événement un succès, de même que Marielle de Miribel qui en a été une des instigatrices: depuis plusieurs années ces deux personnes ont fait beaucoup au sein de l'IFLA pour le marketing des bibliothèques et je tiens ici à le souligner. Je m'en voudrais de passer sous silence les noms de Michael Koenig et de Patricia Layzell Ward qui étaient respectivement président et secrétaire de la section Management et marketing au moment de la préparation et de la tenue de notre atelier: leur appui indéfectible nous a été d'un grand secours. Enfin je dois aussi signaler la contribution de Hannah Peacock et Cynthia Delisle, deux assistantes étudiantes à l'École de bibliothéconomie et des sciences de l'information au moment de l'édition du manuscrit qui m'ont beaucoup aidé dans la préparation de celui-ci.

Réjean Savard

Acknowledgements

I would like to thank all those who have contributed to this publication, beginning of course with the authors: without them you would not have this publication in your hands of course. I would like also to thank especially those who have collaborated with me at the organization of the Copenhagen workshop: first Christina Tovoté who made a strong success of this event thanks to her numerous contacts, and Marielle de Miribel who was one of the instigators of this workshop. For many years these two persons have made a lot for marketing at IFLA and I think it is important to underline their work here. Thanks also to Michael Koenig and Patricia Layzell Ward who were respectively Chair and Secretary of the Management and Marketing Section when the workshop was held as well as from the beginning of its preparation: their indestructible support was of great help. Finally I would like also to thank Hannah Peacock and Cynthia Delisle, two students assistants at the École de bibliothéconomie et des sciences de l'information who gave me a good hand during the preparation of the manuscript.

Réjean Savard

PREFACE

MARKETING LIBRARY SERVICES. HOW IT ALL BEGAN.

Greta RENBORG, Ph D hc, Uppsala, Sweden
Retired lecturer the Swedish School of Library and Information sciences, Borås, Sweden.

ABSTRACT

The idea of marketing library services is not new to the library world. This paper shows the development from wishes to improve personal relations between librarians and «the common man in the street» into planned extension work and PR. Stressing the importance of marketing a library service before measuring library performance, the paper deals with the period from 1876 to the 1970's.

RÉSUMÉ

L'idée du marketing appliqué aux bibliothèques n'est pas nouvelle au sein de cette profession. Cet article démontre comment s'est développé la volonté d'améliorer les relations entre les bibliothécaires et «l'homme de la rue» depuis les tout débuts jusqu'à l'approche davantage planifiée des relations publiques. Soulignant l'importance de faire le marketing des bibliothèques avant d'en mesurer la performance, l'article aborde la période de 1876 aux années 1970.

The history of marketing library services begins long before the concept was born; even before Samuel Swett Green in his often quoted speech at the ALA Conference in 1876, advocated «improved personal relations between librarians and readers». Yet, you could say that today's marketing of library services has its roots in parts of the USA and Northern Europe- in countries with few illiterates, more money, libraries and library schools than the rest of the world. This certainly does not mean that the idea of libraries reaching out to «the common man» has not also occupied the thoughts of many librarians and other people in various parts of the world. An example is «the library movement» in India at the beginning of the century. One of the pioneers in those days was Maharaja Rao III (1862-1939), who introduced compulsory education in Baroda in 1893. In 1906 he set up a comprehensive integrated library service in every part of his scattered populated rural territory, where means of transport were rare.

At the 1896 ALA Conference Lutie Stearns, librarian at the Milwaukee Public Library, talked about advertising the library, thereby adding the word advertising to the librarian's vocabulary. The year after, at the 1897 ALA Conference, the concept «management» was also planted in the library world, when Frederick Crunden, librarian at the St. Louis Public

Library, talked about «Business methods in library management». But his thoughts did not become rooted in the library world as librarians offered lengthy resistance to ideas brought in from the business world. Some years later, in 1903, the Danish library pioneer Andreas Schack Steenberg returned to Denmark after having studied library work in the USA. He praised the American outreaching library work with librarians going out to slums and asphalt parks to spread the joy of reading to children. Several pioneers from the turn of the century ought to be mentioned. One of them is Anne Carroll Moore, who in the New York public library started the first library for children.

Another pioneer in the early 1900's marketing books and libraries was Mary Titcombe, who at the Bretton Woods Conference 1909 reported her four years experiences with a horse-drawn wagon. She said: «No better method has yet been devised for reaching the dweller in the back country. The book goes to the man. We do not wait for the man to come to the book». Extension work became a new concept for inclusion in library literature.

In Harrod's *The Librarian's Glossary* extension work is defined as «activities which are undertaken with the object of reaching groups of people who might otherwise be unaware of the library... « But most of the early 20th century library activities such as advertising, extension work, publicity and public relations have often been met with resistance from the library world on the whole. Robert Wedgeworth has told how John Cotton Dana in 1910 «horrified some of his more staid library colleagues by using a billboard to advertise the library». But a Swedish librarian who visited the USA in 1916 was intrigued by the way Americans «advertised» a library through leaflets in laundry bags.

In the 20's Kate Coplan started to use the windows of the Enoch Pratt libraries in Baltimore for «advertising». The first edition of Gilbert Wards *The Library and the Community* came out. Joseph Wheeler wrote about publicity in *The Library and the Community* and in *Library Extension Work and Publicity* the British library pioneer Lionel McColvin stated that «Thus it will be seen that we are dealing with just more than just 'advertising' «.

Two landmarks in the 30's are Ranganathan's *Five Laws of Librarianship* and *Publicity Primer* by Marie D. Loizeaux, editor of the *Wilson Library Bulletin*. Most of the library extension work had so far grown from local needs, especially in the large cities, where children's librarians were pioneers at reaching out to children. Mabel Williams, of the New York Public Library, inspired Margaret A. Edwards to turn book talks into what later would be thought of as a public relation method. In the book *The Library Reaches Out*, edited by Kate Coplan & Edwin Castagna, Margaret A. Edwards has a chapter named «A long way to Tipperary». There she wrote about the early 40's, where juvenile delinquency was much discussed. She wanted to cure the problem through books and wrote: «I rented a horsedrawn wagon, fitted it out with shelves facing the street, filled the shelves with some 125 discarded books, put a funny hat on the horse named Berry, for 'Liberry', and peddled reading in the streets of a slum during the summer months. There were customers on every block». She did not solve the problem of juvenile delinquency, but she showed that it was possible to reach non-readers in disadvantaged communities.

From then on it seemed nearly impossible to separate between outreach/advertising, publicity/extension work and community relations. One can follow the confusion in the library vocabulary through studying different bibliographies. *Library Literature* 1921-32 has five columns under the heading *Publicity* and four under the heading *Library and the Public.* Today most of the articles indexed would probably be under the heading *Public Relations* or *Marketing. Readers Guide to Periodical Literature* indexed *Public Relations* as a separate heading from the 1932-35 volume on, but *Library Literature* kept the heading *Library and the Public* until the 1949-51 volume.

Public Relations Readers Guide and *American Library PR Council* were born in the 30's and in 1935 *Wilson Bulletin for Librarians* began with its column «The Crow's Nest». It is an excellent source for studying the history of marketing library services.

In the 40's the world's first *National Library Week* took place in Australia; in the USA in 1953 a small booklet by Sarah Wallace, «Promotion Ideas for Public Libraries», came out and had a great impact on librarians in many countries, not the least in Scandinavia. In the 50's many librarians became inspired by the article «The missing three quarter» by the British county librarian Fred Green; Scandinavian librarians started to use booktalks as a method of trying to reach new readers.

Early in the 60's the British chief librarian Harold Jolliffe wrote *Public Library Extension Activities*, with the subtitle: *A manual for the librarian and student.* Inspired by Kate Coplan, whom I met in the USA 1963, I named my first book *Det uppsôkande biblioteket* (=The Outreaching Library); in Germany Martha Hîhl named hers *Bûchereiwerbung.*

Even if words such as «Werbung», «Ôffentlichkeitsarbeit» (ÔA) and «Werbemittel» appear in the German library literature as early as the 1930's, it was first in the 1960's in the German «ÔA», that the British library extension work and the American library outreach actually became parts of a planned library service.

In 1963 the first course on «Library Public Relations» was arranged at Columbia University in New York, but it took some years until it became a normal procedure to plan for PR in libraries. Early in the 1970's the American Betty Rice wrote *Public Relations for Public Libraries* and the British pioneer K.C. Harrison wrote *Public Relations for Librarians.* At the same time Allan Angoff compiled essays on communications techniques, in his work *Public Relations for Libraries.* In Germany public relations were still hidden in the concept ôffentlichkeitsarbeit, but Sibylle Selbmann's book *Zur Öffentlichkeitsarbeit wissenschaftlicher Bibliotheken* paved the way for public relations in the German libraries. Nowadays even «Bibliotheksmarketing» is a German concept.

This short and incomplete flashback into the history of marketing library services shows that marketing is surely not a new library activity, only a rather new concept which can be looked upon as a product of advertising, extension work, outreach, publicity and public relations. In 1963, IFLA already wanted to draw attention to all the activities which for decades had been used to encourage people to read. Then IFLA asked librarians from Finland, Germany, Norway, Roumania, Sweden and the USA to write a paper about «Recent developments in the methods by which people are encouraged to use public libraries and improve personal interests through books» The Norwegian librarian called his paper «Public relations in libraries» and I called mine «The outreaching library». Had it been today, I guess our topics would have been marketing...

However, public relations - whether it was called outreach, «Öffentlichkeitsarbeit», or something else - didn't have its boom until the 1970's. Even if the literature about publicity, public relations and «öffentlichkeit» stressed the importance of planning, I dare say that it was not until some American library schools started to use Philip Kotlers book *Marketing for Non-Profit Organizations* (1977) as a text book, that marketing library services became commonly accepted.

In using the concept «marketing», librarians have brought over some management tools from the commercial world. This has been advantageous for the global library world. It has forced librarians to look at the libraries as the enterprises they are, even if a price cannot be put on the outcome.

I have been asked to give some examples of «good marketing». I have seen many public relations activities and marketing aimed at reaching all people instead of concentrating on target groups. From my experience most of the costly multicoloured junkmail that librarians send out is not worth that cost. More effective methods are using shop windows as Kate Coplan did in the 20's or do as did Ida Goshkin, from the Akron Public Library in Ohio, whom I met in 1963. Goshkin was called group coordinator. She personally went out to all kinds of different groups, telling people what the public library had to offer them. I believe that no method is as effective as the personal communication between the librarian and «the common man». Hardy Franklin, director of the Martin Luther King Memorial Library in Washington D.C. already knew that in 1963, when he was a librarian and «streetgoer» in Brooklyn.

That year I studied the teaching of book talks at Western Reserve University in Cleveland, and at Rutgers State University in New Brunswick (USA) where professors such as Ruth Warncke and Margaret A. Edwards had taught thousands of library students how to inspire people to read. I cannot think of any method so effective as a good booktalk. To be a good booktalker is an art. To perform that art you have to throw yourself into the talk, and you should never speak about something that you yourself do not feel strongly about.

CONCLUSION

Now that performance measuring has become a subject for research, I cannot understand why librarians want to measure the use of a library, even before they have marketed the service to such an extent that every individual in a target group knows what service the library has to offer him.

Figure 1 – The marketing tree

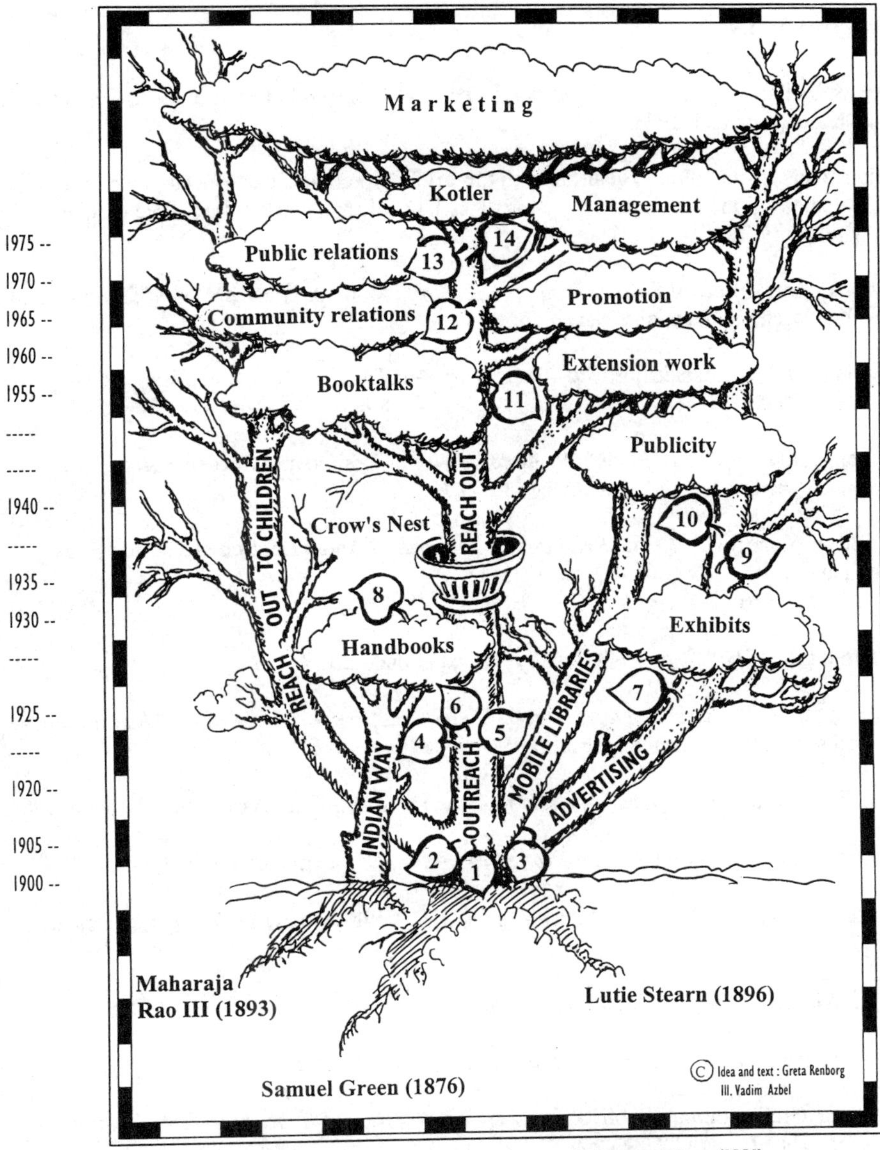

1. Steenberg (1903)
2. Moore (1904)
3. Titcombe (1905)
4. Ward (1924)
5. Wheeler (1924)
6. Mc Colvin (1927)
7. Coplan (1927)
8. Ranganathan (1931)
9. Roberts (1936)
10. Loizeaux (1937)
11. Wallace (1956)
12. Höhl (1964)
13. Rice (1972)
14. Harrison (1973)

REFERENCES

Angoff, Allan, ed., *Public Relations for Libraries.* Greenwood Press, Westport, Connecticut, London, England. 1973.

Blair, Janis Joann, «From Advertising to Library Interpretation: The Development of Public Relations in the American Public Library,» Unpublished master's thesis, Kent State University, 1966.

Coplan, Kate, *Effective Library Exhibits: How to Prepare and Promote Good Displays.* 2nd ed., Oceana Publications, New York, 1974.

Coplan, Kate, & Castagna, Edwin, *The Library Reaches Out.* Oceana Publications, New York, 1965.

Green, Samuel Swett, «Personal Relations between Librarian and Readers.» *American Library Journal*, 1, 74-81. (November 30, 1876.)

Harrison, Kenneth C., *Public Relations for Librarians.* Andre Deutsch, A Grafton Book, London,
1973, 2nd ed., 1981.

Harrod, L.M., *The Librarians' Glossary.* 3rd ed., London, 1971.

Höhl, Martha, *Büchereiwerbung. Druckschriften der Arbeitsstelle für des Büchereiwesen.* 4, Deutscher Büchereiverband, Berlin, 1964.

Jolliffe, Harold, *Public Library Extension Activities.* The Library Association, London, 1962.

Kotler, Philip, *Marketing for Non-Profit Organizations.* 1st ed. Prentice Hall, Inc. 1977.

Loizeaux, Marie D., *Publicity Primer.* 4th ed., H.W. Wilson, New York, 1959; reprinted 1967.

McColvin, Lionel, *Library Extension Work and Publicity.* 1927.

Ranganathan, S.R., *Five Laws of Library Science.* 1st ed., 1931.

Renborg, Greta, «Library Public Relations». *Encyclopedia of Library and Information Science.* Vol.37, suppl.2: 234-262.

Renborg, Greta, *Det uppsökande biblioteket.* (The Outreaching Library.) Bibliotekstjänst, Lund, 1963.

Rice, Betty, *Public Relations for Public Libraries.* H.W. Wilson, New York, 1973.

Selbmann, Sibylle, *Zur Öffentlichkeitsarbeit wissenschaftlicher Bibliotheken.* Verlag Dokumentation, Munich, 1975.

Wallace, Sarah Leslie, *Promotion Ideas for Public Libraries.* American Library Association, 1953.

Wedgeworth, Robert, «Library public relations in the U.S.» In: Cronin, Blaise, ed., *The Marketing of Library and Information Services.* Aslib, London, 1981: 285-291.

Wheeler, Joseph L., *The Library and the Community.* American Library Association, Chicago, 1924.

INTRODUCTION

LA PERCEPTION DU MARKETING CHEZ LES BIBLIOTHÉCAIRES

Réjean SAVARD, Ph.D.
Professeur titulaire, Université de Montréal
École de bibliothéconomie et des sciences de l'information

RÉSUMÉ

Après un aperçu des problèmes reliés à la perception du concept de marketing en Bibliothéconomie / sciences de l'information, l'auteur présente les particularités d'une étude effectuée auprès des bibliothécaires canadiens et destinée à mieux comprendre la dynamique associée à la perception de ce concept. Les résultats démontrent que les répondants accordent une grande importance au marketing tout en ayant en même temps une perception erronée du concept. La recherche démontre également que le niveau de professionnalisme, l'entrepreneurship, la perception de la concurrence et la formation sont des variables reliées à une meilleure perception du marketing. En conclusion l'auteur suggère qu'il est urgent d'améliorer la perception du marketing si l'on veut que les bibliothèques / services d'information utilisent cette approche de façon appropriée et efficace.

ABSTRACT

After reviewing problems related to the perception of the concept of marketing as applied to library and information science, the author presents the particularities of a study conducted among Canadian librarians in order to better understand the dynamics associated with the perception of this concept. The results show that the respondents attach a great importance to marketing although they have at the same time an erroneous perception of the concept. The research also indicate that the level of professionalism, entrepreneurship, the perception of competition and education are all variables related to a better perception of marketing. In conclusion the author suggest that it is urgent to improve the perception of marketing if we want libraries and information services to use this approach in an appropriate and efficient manner.

1. Problématique

Le marketing est un concept qui imprègne de plus en plus la société dans tous les domaines, non seulement dans les entreprises commerciales mais aussi dans les services publics, et bien entendu au sein des bibliothèques.[1] L'intérêt et dans certains cas l'enthousiasme des bibliothécaires pour le marketing vient peut-être d'un constat d'échec chez plusieurs d'entre eux en ce qui concerne ce qu'on pourrait appeler la «visibilité» de leur profession et par conséquent des bibliothèques. Cette idée était bien résumée par Marigold Cleeve lorsqu'elle écrivait en 1994 : «[an] important reason why some librarians or information scientists did not make a strong impact on the world in general is that they were not always very good marketing protagonists for their services. Somehow, there often seem to be a feeling that the public was supposed to know, by osmosis, what a library or information service could do for them.».[2]

Cependant, comme plusieurs l'ont remarqué, le marketing est très souvent perçu et défini comme étant l'équivalent de la publicité, des relations publiques, voire même de la vente :

«A major misapplication of marketing in public service organizations (particularly libraries) is to confuse a marketing orientation with a selling orientation.»[3]

«Marketing is often misused and confused with problems of public relations and selling (...)»[4]

«To many librarians, marketing their services simply means promotion of the services already available. This however, is only one component of marketing and to just produce a brochure and a few posters describing the various collections and services is **not** a full marketing exercise.»[5]

Cette confusion est peut-être même à la base de la résistance rencontrée chez certains bibliothécaires comme le soulignait Tefko Saracevic: «...there is at times a philosophical opposition to active dissemination and especially marketing on the ground that they introduce an element of commercialization».[6]

Il existe donc un intérêt certain chez les bibliothécaires par rapport à ce concept en même temps qu'une certaine méfiance. Cette valse de pour et de contre avait été bien décrite par Maureen Keane dans un article intitulé : «Marketing and librarianship ; Yin and Yang, or uneasy bedfellows ?».[7] On peut se demander d'ailleurs si cette ambiguïté face au marketing n'est pas due au fond à cette confusion par rapport au concept comme certains l'ont fait remarquer : «Marketing is a word that is used by many but understood by relatively few». [8]

Il semble en effet évident que parlant de marketing, les bibliothécaires n'ont pas tous la même définition de ce concept. Certes, dans la bouche des spécialistes du domaine, le concept est clairement délimité : il désigne une philosophie spécifique de gestion s'appuyant sur une bonne connaissance du marché, ceci dans le but avoué de faire fructifier les échanges entre une organisation et ses clientèles. Et pour les spécialistes il importe de bien distinguer la vente et la publicité du marketing car : «...l'entreprise ne doit pas chercher à vendre les produits qu'elle fabrique ; elle doit plutôt fabriquer les produits qu'elle peut vendre. C'est là le véritable esprit marketing. Le marketing affirme la prééminence du consommateur dans l'action de l'entreprise.»[9] McKenna est encore plus direct lorsqu'il écrit : «In today's market, advertising simply misses the fundamental point of marketing – adaptability, flexibility, and responsiveness».[10]

Par contre, les frontières sémantiques se révèlent généralement plus floues quand les non-initiés (y compris de nombreux universitaires, d'ailleurs) s'emparent du mot. En bibliothéconomie / sciences de l'information comme dans tout secteur d'activité, un approfondissement de la dynamique associée à la perception du marketing s'avère nécessaire si l'on désire appliquer cette technique avec quelque chance de succès. C'est dans cette optique qu'après avoir élaboré un cadre théorique basé sur l'analyse de la littérature spécialisée du domaine, nous avons mené une enquête par questionnaire afin de cerner aussi précisément que possible les perceptions du marketing ayant cours actuellement chez les bibliothécaires canadiens, de même que les variables influençant ces perceptions.

2. Méthodologie

Après une étude pilote basée sur des entrevues effectuée à l'été de 1994[11] et un pré-test à l'automne 1996, l'enquête proprement dite se déroula au printemps 1997, s'échelonnant du 18 avril au 31 mai. À l'aide de la base de données de l'entreprise canadienne de services aux bibliothèques *Micromédia*, nous avons établi un échantillon de 1 826 bibliothèques publiques, universitaires et d'entreprises, lesquelles ont reçu par la poste un questionnaire de cinq pages. Par défaut, les questionnaires étaient en langue française pour les établissements situés au Québec, et en anglais dans tous les autres cas (il était possible, toutefois, d'obtenir sur demande un questionnaire dans l'autre langue, de même que des exemplaires imprimés en gros caractères). Nous avons fourni des enveloppes de retour pré-affranchies et organisé un concours – un tirage, en l'occurrence – afin d'encourager le taux de réponse. Quelque 540 questionnaires (soit autour de 29,5%) nous ont été retournés, constituant un corpus de répondants suffisamment volumineux pour garantir une bonne représentativité.

3. Caractéristiques des répondants

Comme le démontre le Tableau 1, près de la moitié des répondants (243, soit 45,68%) provenaient des bibliothèques publiques, les autres se répartissant entre bibliothèques spécialisées (121 soit 22,7% pour les organismes sans but lucratif et 51 soit 9,6% à but lucratif) et universitaires (93, soit 17,5%), avec un certain nombre de répondants n'étant pas rattachés à une catégorie spécifique (24, soit 4,5%).

En ce qui concerne la provenance géographique, 41, 5% des répondants provenaient du Québec et 27,7% de l'Ontario (Tableau 2). Les autres provenaient en partie de l'ouest (18,5%) et de la Colombie-Britannique (5,9%), des Maritimes (6,2%), et une faible proportion des Territoires du nord (0,2%)

4. Cadres théorique et opérationnel

L'objectif étant de mesurer *la perception du marketing*, trois éléments ont été pris en compte pour définir opérationnellement cette variable :

1- la *définition* du marketing que donnaient les répondants en leurs propres termes : il s'agissait de demander à chaque répondant de donner sa propre définition du marketing
2- l'*importance* accordée par les répondants au marketing pour les bibliothèques et les services d'information : une série de huit énoncés adaptés d'études précédentes sur la même question ont été utilisés afin d'évaluer l'importance accordée au marketing sur une échelle de quatre points (*pas du tout d'accord* à *tout à fait d'accord*)
3- l'*orientation marché* des répondants : basée sur l'étude de Bhuian[12] cette partie du questionnaire visait à vérifier quelle importance dans le contexte de leurs bibliothèques, on accordait ou n'accordait pas au marché et aux clientèles, comme le stipule la définition officielle du marketing telle qu'énoncée ci-dessous. Neuf énoncés visaient à mesurer cet aspect en utilisant une échelle de 5 points basée sur « le temps et les efforts consacrés dans votre bibliothèque à tel ou tel aspect de l'approche clientèles par rapport aux autres bibliothèques « (*beaucoup moins de temps* à *beaucoup plus de temps*) .

Tableau 1 - Répartition des répondants

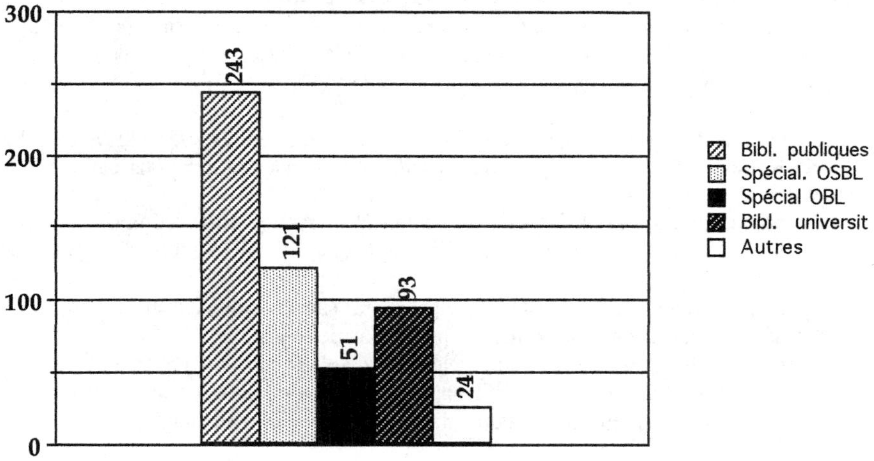

Tableau 2 - Provenance des répondants

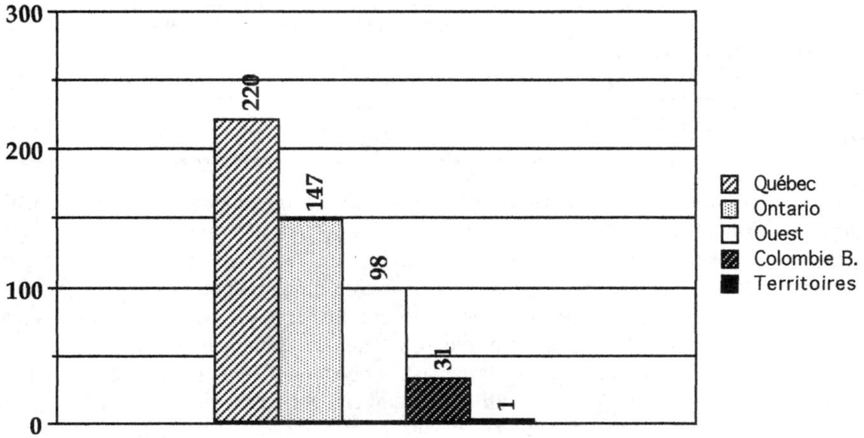

5. Résultats

5.1 Définition du marketing[13]

Les répondants ont bien réagi à la question demandant de définir le marketing dans leurs propres termes. D'une formulation très simple, cette question ouverte invitait le répondant à compléter – en quelques lignes et sans faire appel à des collègues ou à des outils de référence – l'énoncé suivant : *Selon moi, le marketing, c'est...* . Précisons que, pour mettre les répondants en confiance, le questionnaire spécifiait expressément qu'il n'existait ni « bonnes » ni « mauvaises » réponses à cette demande.

Chaque réponse obtenue a été analysée en fonction des termes employés. La grille utilisée fut celle de Kotler et Andreasen[14] qui définissaient trois grandes orientations par rapport au marketing :

- l'orientation produit, selon laquelle on perçoit le marketing en fonction de son produit que l'on considère nécessairement bon et dont il faut simplement pousser la consommation
- l'orientation vente qui s'appuie principalement sur la publicité et qui équivaut à considérer le marketing comme outil de persuasion des clientèles
- l'orientation client, la seule valable selon les deux auteurs, et qui consiste à voir le marketing comme un outil et une philosophie de gestion où prévalent la connaissance des besoins des clients et leur satisfaction à travers un processus d'échange.

Les définitions ont donc été analysées afin d'y retracer une orientation client. Le tableau 3 présente les résultats sommaires de cette analyse.

Tableau 3 – Répartition des répondants à la question : «Selon moi, le marketing, c'est...»

	Nombre de réponses	Pourcentage
Orientation client absente	424	82,5
Orientation client présente	65	12,6
Orientation client prédominante	25	4,9
TOTAL[15]	514	100

Dans la première catégorie on retrouve les réponses où les définitions données ne comportent aucune trace d'orientation client. Ces réponses correspondent à des orientations produit ou production. On note qu'il s'agit de la très grande majorité des répondants ce qui veut dire que les bibliothécaires canadiens ont en général une définition du marketing plutôt loin de celle des spécialistes. Dans la deuxième catégorie on trouve les réponses où l'orientation client peut être détectée, mais où elle ne constitue pas l'élément principal. Enfin, la dernière catégorie regroupe les réponses où l'orientation client constitue l'élément principal : ce sont là les définitions collant le plus à la définition officielle du marketing. On constate que seulement 25 répondants sur les 514 ayant répondu à cette question ont fourni une réponse adéquate. Si l'on additionne les réponses *Orientation client présente* et *Orientation client prédominante*, on constate qu'une définition «acceptable» du marketing peut être détectée dans 17,5% des réponses. Cela confirme donc l'hypothèse de départ à savoir que les bibliothécaires canadiens ont en majorité une définition erronée, sinon incomplète, du concept de marketing.

Par la suite, afin de mieux cerner la vision du marketing exprimée par les répondants – ou plutôt leur mauvaise compréhension collective de cette notion –, nous avons inspecté les réponses ne relevant pas principalement de l'orientation marketing afin de vérifier la distribution des concepts *faire connaître* et *vendre* qui, lors d'un premier dépouillement des questionnaires, nous avaient frappés par leur fréquence d'apparition[16].

La première catégorie regroupe les réponses où on définit le marketing comme outil servant à augmenter la notoriété des produits et services offerts. La catégorie deux regroupe les réponses où il est défini comme outil consistant à assurer – voire à faire augmenter – les ventes, la consommation de biens ou services, etc. Enfin, la troisième catégorie regroupe les réponses où ces deux visions figurent simultanément.

Ce second tableau, comme le précédent, est caractérisé par une très nette prédominance de l'une des catégories. Il s'agit ici de la catégorie *Faire connaître* (75,2%). Les trois quarts des réponses qui ne sont pas de type *Orientation client prédominante* présentent donc une conception du marketing orientée principalement vers l'idée de faire connaître un produit ou service, de le promouvoir, d'en augmenter la notoriété et la visibilité, etc. Si l'on ajoute à ces réponses les valeurs obtenues pour la catégorie *Faire connaître et vendre*, on constate que 90,7% des réponses présentant une orientation principale autre que l'orientation client sont teintées, d'une façon ou d'une autre, par ce genre de préoccupation.

Tableau 4 - Distribution des concepts *faire connaître* et *vendre* dans les réponses ne relevant pas principalement de l'orientation marketing

Selon moi, le marketing, c'est...		
	Nombre de réponses	**Pourcentage**
Faire connaître	354	75,2
Vendre	44	9,3
Faire connaître et vendre	73	15,5
TOTAL	471	100

La perception du marketing en tant que moyen d'assurer et/ou de faire augmenter les ventes ou l'utilisation d'un produit ou service, quant à elle, concerne 9,3% des réponses de type autre que l'Orientation client prédominante. Si l'on y ajoute les résultats de la catégorie Faire connaître et vendre, on obtient un total de 24,8% de réponses comportant, de manière plus ou moins prononcée, des notions reliées à l'idée de vente dans la conception du marketing exprimée (soit à peu près une réponse sur quatre).

Malgré une littérature professionnelle où l'on retrouve de plus en plus d'articles sur le marketing des bibliothèques, malgré des formations où le marketing est de plus en plus présent, il semble donc qu'il reste beaucoup de chemin à parcourir avant de bien faire comprendre aux bibliothécaires ce qu'est vraiment le marketing. Faut-il s'étonner de ce résultat ? Pettigrew et Turgeon affirment que le caractère multidimensionnel du concept de marketing entraîne naturellement cette difficulté à le définir.[17] De son côté Aubrey Wilson signale qu'une telle confusion est courante également dans d'autres professions comme le droit, l'architecture, la comptabilité.[18] Quant à d'autres auteurs ils reportent la faute de cette confusion sur le dos des spécialistes du marketing eux-même qui n'ont pas toujours fait ce qu'il fallait pour clarifier les choses.[19] On peut donc comprendre les résultats obtenus, sans pour autant les excuser.

5.2 Importance du marketing

Le tableau 5 démontre cependant que malgré une connaissance apparemment limitée du marketing, les répondants valorisent énormément cette approche : seuls 15,5% des répondants considèrent que le marketing n'est pas important pour les bibliothèques et services d'information alors que plus de 56% jugent qu'il s'agit de quelque chose de très important. Ces résultats se rapprochent de ceux obtenus par Collins et Glyptis dans une étude plus générale où 76% des répondants considéraient le marketing comme important ou très important.[20]

5.3 L'orientation marché

Les questions visant à mesurer l'importance accordée aux clientèles et à la satisfaction de leurs besoins démontrent une orientation marché plutôt moyenne (Tableau 6). En additionnant cependant le pourcentage des répondants ayant une orientation peu (24,6%) et très peu élevée (8,7%), on constate que plus du tiers des répondants ont tendance à démontrer une orientation marché faible, contrairement à seulement 28% ayant une orientation marché forte et très forte.

Ce résultat peut sembler étonnant dans la mesure où les bibliothécaires ont toujours été considérés comme des professionnels «dévoués» à leurs usagers. Mais ces résultats font ressortir qu'il y a une différence entre «se dévouer» pour les usagers et avoir une orientation marché qui donne la priorité aux clientèles. La deuxième option qui faisait ici l'objet de l'étude est davantage pro-active et implique la mise sur pieds de mécanismes concrets destinés à étudier et à mieux comprendre les besoins des clientèles : sondages, réunions du personnel pour discuter les besoins des clients, diffusion adéquate des informations concernant les clientèles, utilisation de la segmentation de marchés, etc. Apparemment l'orientation client des bibliothécaires n'a pas encore dépassé le stade de l'écoute relativement passive.

Tableau 5 - Importance du marketing

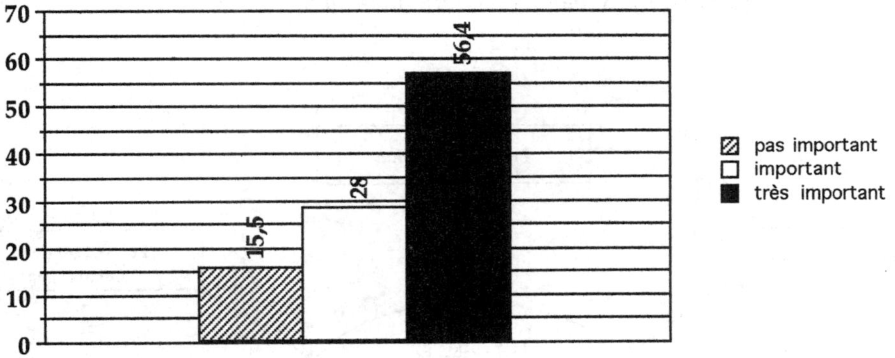

Tableau 6 - Répartition des répondants selon leur orientation marché

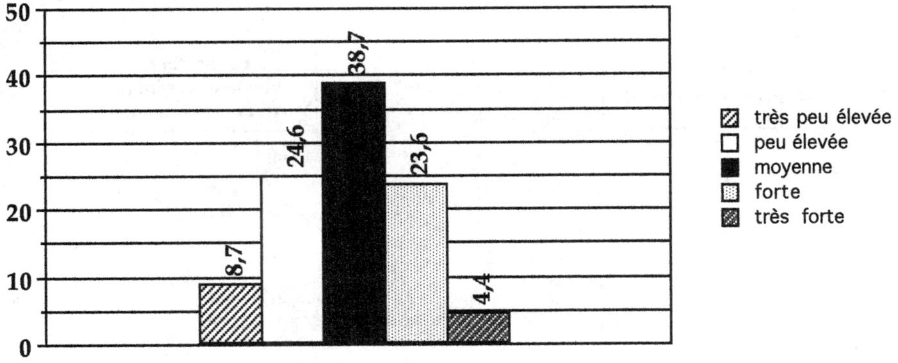

Tableau 7 – Schéma du cadre théorique

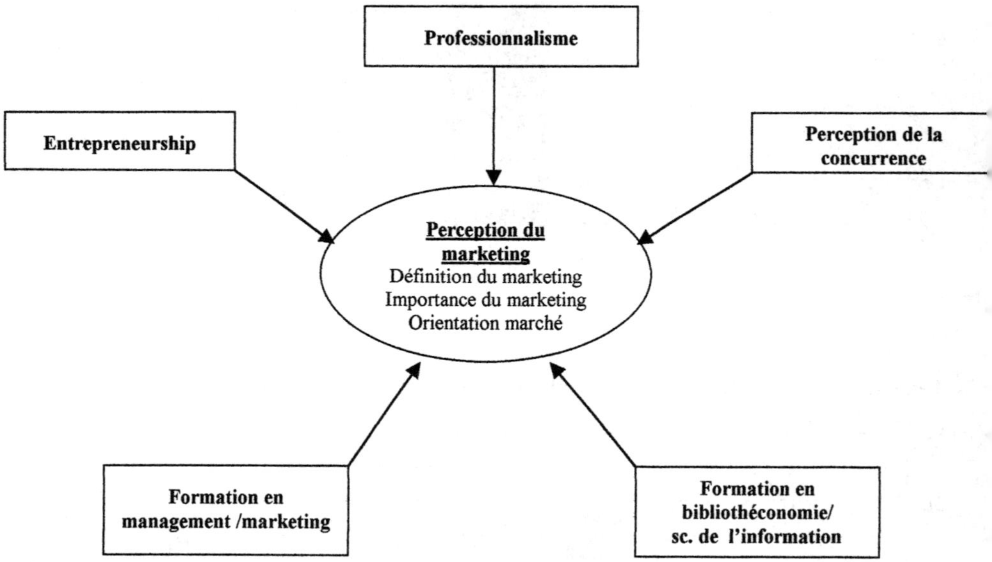

5.4 Corrélations

Afin de mieux comprendre la dynamique derrière la perception du marketing chez les bibliothécaires, un certain nombre de variables indépendantes ont été mesurées pour vérifier leur corrélation avec la variable dépendante. Ces variables ont été identifiées à partir d'une revue de la littérature. La tableau 7 illustre les variables indépendantes pouvant être reliées à la perception du marketing.

Les théories du professionnalisme associent en général ce concept à l'orientation client[21] et il n'est pas étonnant de le retrouver ici en hypothèse de corrélation avec la perception du marketing dont la définition, comme nous l'avons précisé plus haut, est centrée sur le client. Bhuian[22] fut le premier à démontrer une relation entre marketing et professionnalisme. La présente recherche utilise une version adaptée de son questionnaire pour mesurer cette variable.

L'entrepreneurship est aussi un concept souvent associé au marketing. Hills notamment a bien démontré les liens qui unissent ces deux concepts.[23] Pour mesurer cette variable nous avons adapté l'outil développé par Bhuian à partir des recherches d'autres chercheurs. Cet outil se base sur une définiton opérationnelle de l'entrepreneurship axé sur l'importance de l'innovation (innovativeness), de la pro-activité (proactiveness) et du risque constructif (constructive risk-taking).

Il est aussi établi par plusieurs auteurs dont Kotler et Andreasen[24] que même les organismes sans but lucratif comme les bibliothèques n'existent pas en vase clos et qu'ils doivent faire face à une concurrence. Celle-ci, même si elle n'est pas toujours aussi spécifique comme dans le cas de entreprises commerciales, est souvent de nature générique : lecture et télévision par exemple sont des activités en concurrence dans le partage du temps de loisir des individus. Selon Bhuian[25] plus une organisation perçoit la concurrence plus elle est susceptible de s'intéresser au marché : nous avons donc émis l'hypothèse que le niveau de perception de la concurrence serait relié positivement à la perception du marketing. Encore une fois nous avons adapté l'instrument développé par Bhuian pour mesurer cette variable chez les répondants.

Enfin, plusieurs études[26] confirment que le niveau de formation devrait entraîner une meilleure perception du marketing et nous avons émis l'hypothèse que celle-ci serait reliée positivement tant à la formation en management et marketing qu'à la formation en bibliothéconomie / sciences de l'information.

Les relations entre les variables indépendantes et les trois éléments de la variable principale ont fait l'objet d'une analyse statistique (répartition en tableaux croisés et évaluation de la différence entre les cellules selon le Khi carré). Le tableau 8 donne les résultats. Comme on le constate, cette analyse confirme que la perception du marketing est de manière générale reliée aux variables ayant fait l'objet d'une hypothèse de recherche. L'ensemble des variables composant l'indice de perception sont en effet reliées au professionnalisme, à l'entrepreneurship, à la perception de la concurrence et à la formation en management/marketing ou en bibliothéconomie/sciences de l'information. Seule la sous-variable « Définition du marketing » semble poser problème : les relations de celle-ci avec les variables pré-citées ne sont pas toujours significatives. Ceci pourrait s'expliquer par la confusion régnant autour de la signification du terme marketing dont nous avons parlé au début.

Par contre, on constate que les personnes ayant un niveau de professionnalisme élevé accordent une plus grande importance au marketing et à l'orientation marché que celles ayant un niveau de professionalisme plus bas (tableaux 9 et 10).

Même chose en ce qui a trait à l'entrepreneurship : il est relié à la perception du marketing, du moins avec les deux sous-variables importance du marketing et orientation marché (Tableaux 11 et 12).

Et on observe le même pattern en ce qui a trait à la perception de la concurrence et à la relation avec l'importance accordée au marketing et l'orientation marché (Tableaux 13 et 14).

Tableau 8 – Résultats globaux des analyses de corrélation

	Corrélation	valeur du χ^2
Professionnalisme et Définition du marketing	non-significative.	-
Professionnalisme et Importance du marketing	significative	.002
Professionnalisme et Orientation marché	significative	.007
Entrepreneurship et Définition du marketing	non-significative.	-
Entrepreneurship et Importance du marketing	significative	.007
Entrepreneurship et Orientation marché	significative	<.001
Perception de la concurrence et Définition du marketing	non-significative	-
Perception de la concurrence et Importance du marketing	significative	.001
Perception de la concurrence et Orientation marché	significative	.005
Formation en management/marketing et Définition du mark.	significative	.005
Formation en management/marketing et Importance du mark.	significative	.028
Formation en management/marketing et Orientation marché	significative	<.0001
Formation en biblioth./sc de l'info et Définition du marketing	significative	.0121
Formation en biblioth./sc de l'info et Importance du marketing	significative	.0005
Formation en biblioth./sc de l'info et Orientation marché	significative	.0149

Tableau 9 - Relations entre le niveau de professionnalisme et l'importance du marketing

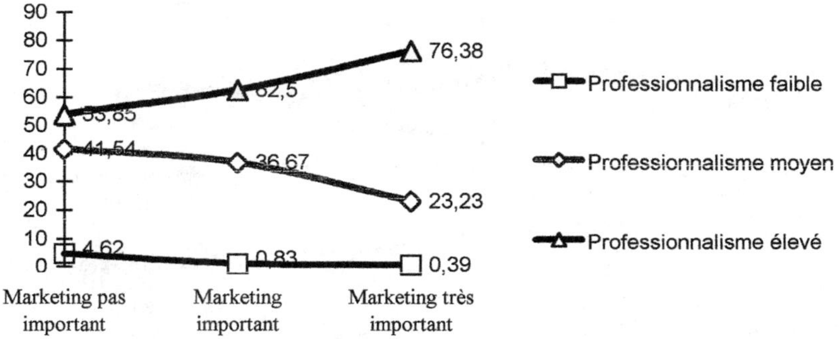

Tableau 10 - Relations entre le niveau de professionnalisme et l'orientation marché

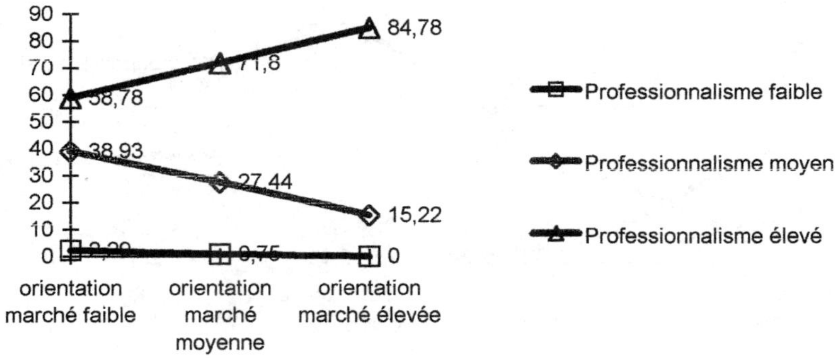

Tableau 11 - Relations entre le niveau d'entrepreneurship et l'importance accordée au marketing

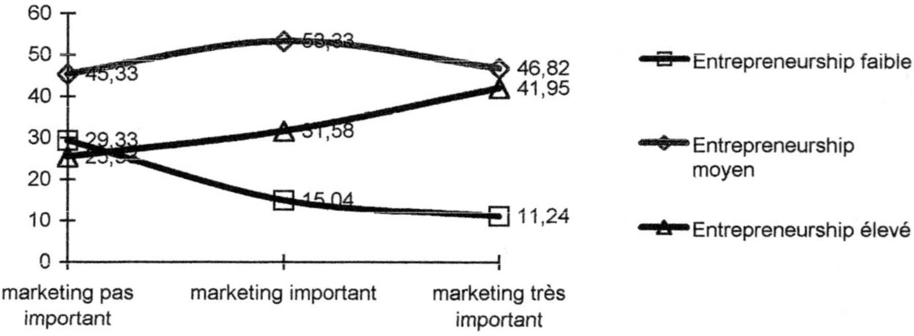

Tableau 12 - Relations entre le niveau d'entrepreneurship et l'orientation marché

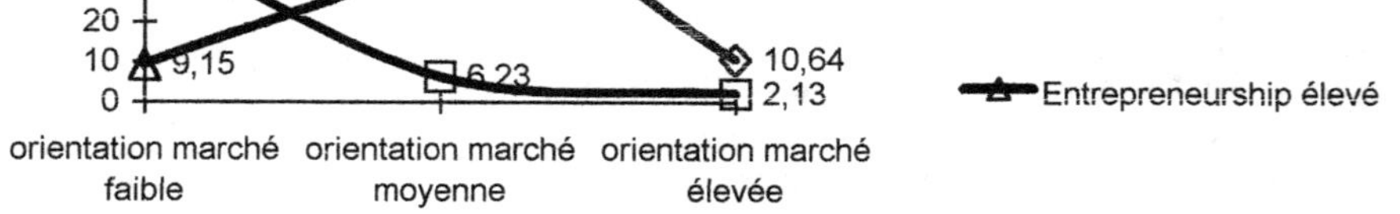

Tableau 13 - Importance accordée au marketing selon la perception de la concurrence

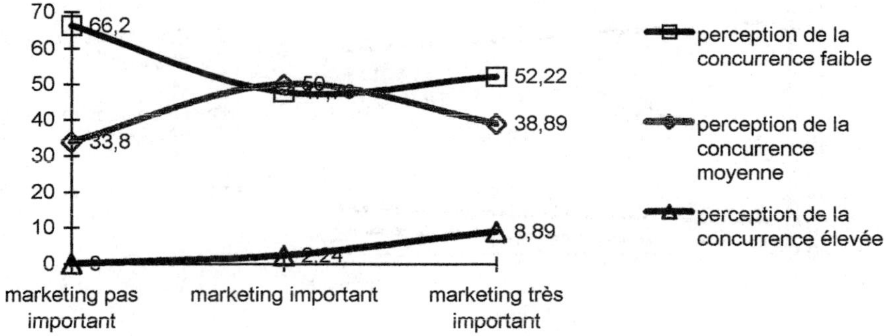

Tableau 14 - Orientation marché selon la perception de la concurrence

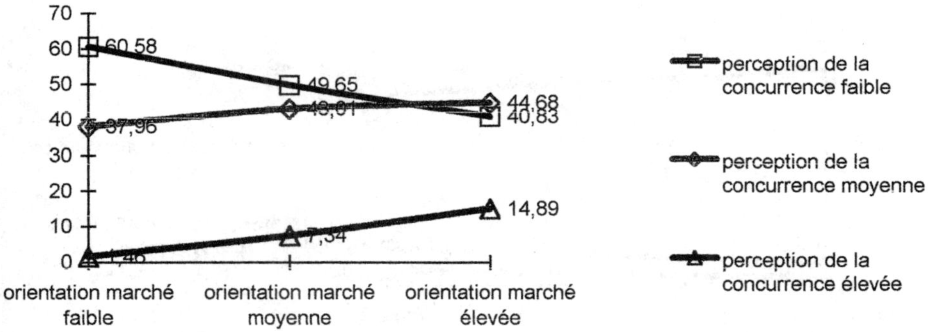

Tableau 15 - Relations entre la définition du marketing et la formation en management et marketing

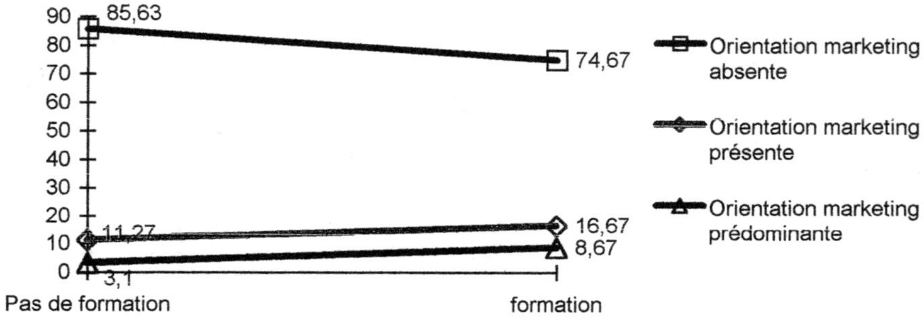

Tableau 16 - Relations entre la définition du marketing et la formation en bibliothéconomie/sciences de l'information

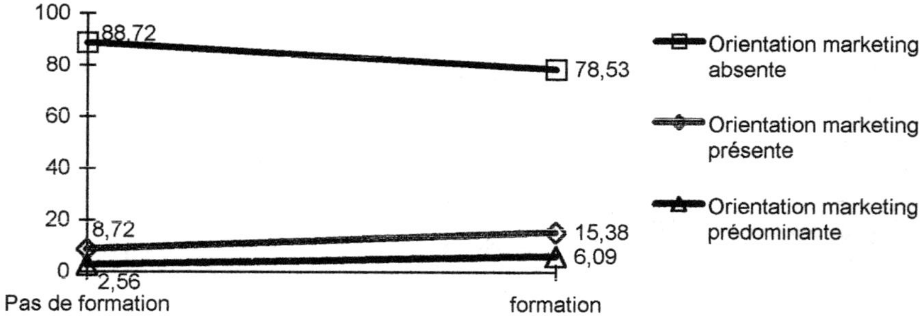

Enfin, l'analyse a permis d'établir qu'il y avait une relation directe entre les deux variables concernant la formation (en bibliothéconomie/sciences de l'information et en management) et la perception du marketing. Cela vient confirmer l'impact des formations initiale et continue sur une perception adéquate du marketing chez les bibliothécaires et gestionnaires de bibliothèques. Avec ces deux variables, même la sous-variable «définition du marketing» est reliée (tableaux 15 et 16). On doit donc en conclure qu'une meilleure formation serait un moyen efficace d'améliorer la compréhension du concept de marketing et par conséquent son application dans les bibliothèques.

5.5 Activités de marketing

Afin de confronter la théorie et la pratique, l'étude demandait finalement aux répondants de décrire quelles étaient les activités marketing mis sur pieds dans leur bibliothèque pendant les trois dernières années. Sur 540 répondants, 423 des ont cité au moins une activité de marketing (78,3%) et 84 de ceux-ci en ont cité cinq ou plus, de sorte que nous pouvons affirmer au départ que le marketing, peu importe sa définition, est une activité très répandue dans les bibliothèques canadiennes. Au total nous avons recueilli 1385 mentions (2,5 mentions par répondant en moyenne). Il est important de noter ici que l'analyse des résultats découlant de cette question doit être interprétée avec précaution : pour ne pas suggérer de réponses aux sujets nous avons jugé qu'il était préférable de ne pas donner d'avance des catégories de réponse de sorte qu'il a fallu procéder à une classification ex post facto des mentions recueillies. Cela nous a obligé à regrouper les réponses après une analyse de contenu. Encore là nous avons constaté que la vision du marketing et de ses activités pouvait être très différente d'un milieu à l'autre, ce qui n'a pas facilité cette opération. Il faut ajouter également qu'un certain nombre de personnes n'ont pas jugé bon de répondre à cette question ce qui autrement aurait pu modifier les résultats obtenus. Le tableau 17 indique quelles ont été les mentions les plus fréquentes.

Tableau 17 – Analyse des activités de marketing citées le plus souvent par les répondants

	No de Mentions	%
tilisation d'imprimés divers (signets, affiches, bulletins, etc.)	320	23,1
nimations, conférences, rencontres, etc	225	16,3
tilisation des médias électronique (TV, radio, etc.)	125	9,0
tilisation du Web, d'Internet	124	8,9
tudes de clientèles et de marché	77	5,5
ormation des utilisateurs, initiations à la bibliothèque	71	5,1
ıtroduction de nouveaux produits et services	62	4,5
romotion par le jeu, concours, etc.	54	3,9
xpositions, mobiles, présentoirs spéciaux à l'intérieur	53	3,9
isites de la bibliothèque, « portes ouvertes »	48	3,5
articipation à des salons ou activités extérieures	40	2,9
ollecte de fonds (« fundraising »)	18	1,3
lan marketing	14	1,0

On constate sans trop de surprise que l'imprimé reste le support de communication privilégié des bibliothécaires. Viennent ensuite les activités d'animation qui bénéficient d'une tradition bien ancrée en bibliothéconomie, notamment en bibliothèques publiques. Le recours aux média électroniques que sont la télévision et la radio arrive en troisième place mais encore là il faut mettre en garde le lecteur : très peu de ces 125 cas représentent une publicité comme on l'entend en marketing (une communication directe avec le public cible payée par l'institution) : il s'agit pour la plupart des cas de « publicité gratuite », grâce au recours à des communiqués de presse notamment. Ce type de communication marketing s'apparente davantage à ce qui découle normalement d'une opération de relations publiques plutôt que de la véritable publicité. Enfin, on retrouve en bonne position l'utilisation d'Internet principalement via la messagerie électronique et les sites web, et l'on peut prévoir que ce média prendra encore plus d'importance à l'avenir.

Les autres types d'activité marketing ont été citées beaucoup moins souvent. Ainsi seulement 5,5% des répondants semblent avoir effectué une étude de clientèles ou de marché : ce pourcentage est très peu élevé[27] et l'on peut penser que davantage de bibliothèques ont effectué ce genre d'étude mais n'ont pas penser à le citer ici, manifestant encore une fois ainsi une perception du marketing pour le moins éloignée des questions de clientèles. Signalons enfin que 14 répondants (2,6%) ont affirmé avoir réalisé un plan marketing. Ce chiffre est encore une fois très peu élevé par opposition aux autres organisations, même dans le domaine des services publics : Martin avait par exemple démontré que 40% des institutions d'enseignement américaines ayant répondu à son étude utilisaient un plan marketing.[28] Mais encore là une étude plus approfondie serait intéressante afin de vérifier quelle compréhension les répondants avaient de ce terme.

6. Bilan et conclusion

Les résultats confirment ce que nous soupçonnions mais qui n'avait jamais été vérifié concrètement sur le terrain. Ils précisent également la dynamique reliée à la perception du marketing en bibliothéconomie / sciences de l'information, dynamique que nous ne pouvons séparer de la relation ambiguë qu'entretiennent les bibliothécaires avec le marketing.

Ainsi, ces résultats confirment indubitablement que le marketing fait l'objet d'un intérêt considérable de la part des bibliothécaires canadiens. Malheureusement, la conception que s'en font ces derniers est erronée la plupart du temps et elle ne se distingue guère de celle des néophytes : seule une minorité de répondants perçoivent adéquatement le marketing comme étant lié à l'étude du comportement et des besoins de la clientèle et pour les autres, le mot *marketing* est plutôt perçu comme relatif à la promotion d'un produit ou service préexistant et ne constitue ni plus ni moins qu'un synonyme de *publicité*.

Plusieurs raisons pourraient être invoquées pour expliquer ces résultats. Rosenstein suggère que les contraintes inhérentes aux organismes sans but lucratif sont en partie responsable de leur échec en marketing, y compris de leur mauvaise perception du concept : manque de compétences et d'habilités de gestion, de ressources humaines, de budgets, etc.[29] Citant différents auteurs, Kohli et Jaworski de leur côté blâment les cadres.[30] On peut se demander aussi si les bibliothécaires ont bien compris l'importance du client dans la gestion de la bibliothèque où s'ils restent encore davantage intéressés au produit (le livre…).

Les analyses de corrélations démontrent d'autre part que l'importance du marketing et l'orientation marché des bibliothécaires sont reliées à leur niveau de professionnalisme, à leur sens de l'entrepreneurship et à leur perception de la concurrence. Ce sont donc des valeurs qu'il faudrait aussi encourager chez les bibliothécaires si l'on veut développer chez eux le sens du marketing.

Enfin, la formation est le facteur qui semble avoir le plus d'impact sur la perception du marketing : autant la formation en bibliothéconomie / sciences de l'information que la formation en management / marketing sont reliées avec les trois éléments de la perception du marketing, y compris la définition du concept. Il y a donc lieu de sensibiliser les écoles de formation de bibliothécaires à l'importance d'intégrer à leur programme davantage de cours de marketing. En Amérique du Nord très peu d'écoles offrent un cours de marketing appliqué aux bibliothèques et aux services d'information à leurs étudiants et encore moins s'assurent que les notions de base en marketing sont expliquées à tous les étudiants dans un cours obligatoire. Si l'on veut que les bibliothécaires intègrent davantage l'esprit marketing, il faut changer cette situation.

Comme l'écrivait Kurt Murphy, même si le marketing est bien présent et bien expliqué dans la littérature professionnelle en bibliothéconomie / sciences de l'information, il reste encore beaucoup à faire pour que ceux-ci l'intègrent vraiment: «(…) integrating the marketing concept into an institution with a well-entrenched organizational structure will pose a major challenge to library managers.»[31] Cette opinion est aussi partagée par Sowter qui écrivait : «Becoming a market-led operation requires a deliberate shift of focus, away from what we do to what we need, or want, or might want, or might reasonably be persuaded to want. It encourages us to get out of our ivory tower and into the real world. This is a problem for those who live in a culture of specifications, definitions, standards or professional methodologies.»[32] Et nous pouvons classer les bibliothèques dans ce type d'organisation.

Les associations professionnelles ont aussi un rôle à jouer ici car elles sont souvent responsables de la formation continue : elles doivent aussi être sensibilisées à l'importance de bien faire comprendre aux bibliothécaires la véritable nature du marketing. Mais leur tâche sera ardue car comme les bibliothécaires pensent connaître déjà ce qu'est le marketing, «(…) no subject is harder to teach than one which the learners beleive they already know».[33]

Mais les bibliothécaires ont-ils besoin du marketing ? Plusieurs études démontrent que plus une organisation a une bonne orientation marketing plus elle est performante, et ce pas seulement dans le monde des affaires : les recherches sur l'orientation marketing dans le monde de l'éducation démontrent clairement qu'une meilleure orientation marketing est associée à un taux d'inscription plus élevé[34] et dans le secteur de la santé Bruce Wrenn a démontré qu'une amélioration de l'orientation marketing de 10% dans un hôpital permet d'augmenter ses revenus de 25 millions$.[35] En bibliothéconomie / sciences de l'information nombreux sont les appels à un meilleur marketing des bibliothèques :

«Le marketing des services de bibliothèque constitue une priorité et doit être dynamique.»[36]

«Adopting a marketing approach puts your library on the path to growth and vitality.»[37]

«(...) if libraries are to « survive » (a question often postulated these days) or to « thrive » (a better attitude), the complete spectrum of marketing approaches is essential to the managerial toolbox.».[38]

«Librarians and information professionals must harness marketing concepts and techniques to their other very considerable powers if their services are to survive and prosper».[39]

«Documentalistes, bibliothécaires, archivistes, (...) jouez la carte du marketing et vous serez des « gagnants ».[40]

«Undoubtedly, a marketing approach to management is a useful contribution to library management».[41]

«No matter what type of special library one works in, market research and marketing the library are critical to the success of the library.»[42]

«But the reality is that librarians will have to become good marketers if they are to survive in an increasingly competitive world.»[43]

Si l'on se fie aux résultats de cette étude, des efforts importants devront être faits si l'on ne veut pas que ces appels se transforment en vœux pieux. Outre ces efforts à faire sur le plan professionnel, cette étude démontre également que sur le plan de la recherche en bibliothéconomie / sciences de l'information de nouvelles investigations sur le sujet seront nécessaires afin de mieux comprendre le phénomène et ses implications.

[1] Voir Savard, Réjean, «Librarians and marketing : an ambiguous relationship», *The New Review of Information and Library Research*, 2 (1996), p.41-56.
[2] Cleeve, Marigold, «Capturing utopia», *Librarian Career Development, v.2 (1994), no.1, p.30.*
[3] Andreasen, Alan R., «Advancing Library marketing», *Journal of Library Administration*, 1, 3 (1980), p. 18.
[4] Ojiambo, Joseph, «Application of marketing principles and techniques to libraries and information centres», *Library review* v.43, 2 (1994), p. 46.
[5] James, Sylvia, *Introduction to policies on marketing library and information services.* Paris, Unesco 1993, p.9.
[6] Saracevic, Tefko, *A course in information consolidation : a handbook for education and training in analysis, synthesis and repackaging of information.* Paris, Unesco 1985
[7] Keane, Maureen, *Australian Library Journal*, 39, 2 (1990), p. 116-126.
[8] Smith, G. et Saker,J. «Developing marketing strategy in the Not-for-profit sector», *Library management* vol. 13, no 4 (1992), p. 6.
[9] Astous, Alain d', *Le projet de recherche en marketing.* Montréal, McGraw Hill 1995, p.4.
[10] McKenna, Regis, «Marketing is everything», in *Consumer Marketing Strategies*, Boston, Harvard Business Press 1991, p.13.
[11] Savard, Réjean. «Librarians and marketing: an ambiguous relationship», *New Review of Library and Information Research*, vol. 2 (1996). 12 p.
[12] Bhuian, Shahid N., *Market Orientation and Successful Not-for-profit Marketing : Direct Relationships and the Influence of Professionalism, Entrepreneurship, Competition and demand.* Ph.D. dissertation, Texas Tech University 1992, 165 p.
[13] Cette partie a été préparée en collaboration avec Cynthia Delisle, assistante de recherche
[14] Kotler, P. et Andreasen , A.R., *Strategic Marketing for NonProfit Organizations.* New York : Prentice Hall 1991, p. 38
[15] Pour cet exercice et le suivant, nous avons dû laisser de côté un certain nombre de questionnaires (réponses floues, réponses obscures, absence de réponse, etc.).
[16] Il est au-delà des visées de ce court article de détailler la méthodologie mise en œuvre, mais mentionnons simplement que cette opération a été accomplie en tenant compte de l'existence de synonymes : par exemple, les occurrences de *publiciser* ont été considérées comme autant d'apparitions du concept *faire connaître*, et ainsi de suite.
[17] Pettigrew, D. et Turgeon, N., *Marketing.* Montréal : McGraw-Hill, 2ième éd. 1990, p.4
[18] Wilson, Aubrey, *Emancipating the Professions : Marketing Opportunities From De-regulation. New York : Wiley 1994, p.33.*
[19] Voir par exemple Earls, G. et Forsyth, P. *Making Marketing Work : a Step by Step Guide for New Businesses.* London : Kogan Page 1989, p.19 ; Beroun, Marc, *Marketing, savoirs et savoir-faire.* Paris : Économica, 2ième ed. 1991, p. 3. ; Vernette, Éric, *Marketing fondamental.* Paris : Eyrolles 1992, p.3.
[20] Collins, M.F. et Glyptis, S.A., «Marketing public leisure services in the UK», *Library Management*, 13, 4 (1992), p.39.
[21] Voir notamment le classique : Hall, Richard, «Professionalization and bureaucratization», *American Sociological Review*, 33, 1 (1968), p. 92-104.
[22] Op. cit.
[23] Hills, Gerald E., *Marketing and Entrepreneurship : research ideas and opportunities.* Westport, Conn. : Quorum books, 1994, 330 p.
[24] Kotler et Andreasen, op. cit. p. 85-91.
[25] Bhuian, op. cit. p. 32-33.
[26] Par exemple : Kinnel,M. et MacDougall, J, *Meeting the Marketing Challenge. Strategies for Public Libraries and Public Services.* London : Taylor Graham, 1994 ; Grunewald,J.P., Felicetti, L.A. et Stewart, K.L., «The effects of marketing seminars on the attitudes of librarians», *Public Library Quarterly,* 10, 2 (1990), p.3-10.
[27] Kinnel et MacDougall (op.cit.) avait par exemple constaté que 57% de leur répondants avaient effectué une telle étude.
[28] Martin, Dan, *Marketing Strategies and Proprietary Education in the State of Indiana.* Ph.D. dissertation, Southern Illinois University, 1987, p.163.
[29] Rosenstein, D.M. *An empirical Comparison of the Role of Marketing in Private and Public sector Nonprofit Service Organizations : An Example From the Heritage Tourism Industry.* D.B.A. dissertation, Southern Illinois University at Carbondale, 1994, p.158.

[30] Kohli, A.K. et Jaworski, B.J., «Market orientation : The construct, research propositions, and managerial implications», *Journal of Marketing,* 54, 2 (1990), p. 7.
[31] Murphy, Kurt, «Marketing and library management», *Library and Administration Management,* Summer 1991, p.158.
[32] Sowter, Colin V., *Marketing for the Non-marketing Manager.* London : McGraw-Hill, 1995, p.7.
[33] Roberto, E., «Applying a marketing model in the public sector», in *Services delivery and public sector marketing,* ed. by C. O'Faircheallaigh, P. Graham, and J. Warburton, South Melbourne : Macmillan, 1991, cité par Lindon Marks in «Marketing and the public sector library : some unresolved issues», *Australian Library Journal,* February 1994, p. 18.
[34] Qureshi, Salim, *Marketing Momentum and its Concomitant Impellent in College Corridors.* Ph.D. dissertation, Union for Experimenting College, 1986 ; Potts, David E., *Tactical Marketing Planning : Perceptual Effectiveness in Liberal Arts College.* Ph.D dissertation, Alabama State University, 1989.
[35] Wrenn, Bruce, «Differences in perceptions of hospital marketing orientation between administrators and marketing officers», Hospital and Health Services Administration, 39, 3 (1994), p.341-358.
[36] Wiper, Margo, «Un pas en avant du client», Compte rendus du 21ième Congrès de l'Asted, Montréal : Asted 1994, p.6.
[37] Walters, Suzanne, *Marketing. A How-to-do-it Manual for Librarians. New York : Neal-Shuman, 1992, p.v.*
[38] Weingand, Darlene, « Introduction » to « Marketing of library and information services », *Library Trends,* 43, 3 (1995), p.290.
[39] Elliot de Saez, Eileen, *Marketing Concepts for Libraries and Information Services,.* London : Library Association, 1993, p. 3.
[40] Sutter, Éric, *Le marketing des services des informations. Paris : ESF Éditeur, 1994, p.20.*
[41] Cockrill, Antje, *A Comparative Analysis of Marketing Management in British and German University Libraries.* Ph.D Thesis, University College of Wales, 1996, p.420.
[42] Tees, Myriam, «Competencies for the mid-sized special library» in *Future Competencies of the Information Professional,* Special Libraries Association, 1991, p.10.
[43] Davis, Mari, «Marketing in librarianship courses in Australia», *Australian Library Journal, August 1988, p. 177.*

APPLICATION OF MARKETING TECHNIQUES AMONG LIBRARIES

HOW LIBRARIANS APPLY MARKETING - AS SEEN FROM THE DESK OF A LIBRARY MANAGER

Sissel NILSEN
Director, National Library of Norway
Formerly Library Director, Bærum Public Library, Norway

ABSTRACT

Public libraries need to evolve in order to integrate social changes such as the recent introduction of the Internet. This paper tries to answer the question whether marketing practices in public libraries are also evolving or if they remain static if not conventional. The author brings therefore various suggestions in order to make sure that public libraries become more visible. The crucial importance of human factors particularly is emphasized.

RÉSUMÉ

Les bibliothèques publiques sont souvent appelées à évoluer pour intégrer les changements sociaux – une situation illustrée, par exemple, par les conséquences du récent essor d'Internet. L'article s'interroge quant à savoir si les pratiques de marketing des bibliothèques publiques évoluent également au fil du temps ou si elles demeurent statiques, voire conventionnelles. À cet égard, diverses suggestions sont formulées afin d'assurer une bonne visibilité aux bibliothèques publiques; l'importance cruciale du facteur humain, notamment, est soulignée.

Some years ago I used the phrase «Change or die» as an introduction to a lecture at an Anglo-Scandinavian conference. It was originally used to explain to business and industry that in order to survive and be competitive, they had to put operations on an entirely new level. At the time (and even today for some libraries) the phrase was just as suitable for public libraries, with the rapid growth of new technology on the doorstep threatening to spoil all our old wonderful systems. If we were not willing to readjust and reorganize our services the library would soon turn into a museum.

Many libraries have indeed, in a short time, changed their way of working and thinking. The picture of public libraries today is somewhat different than that of only a decade ago, when nobody would have thought it possible that the public library could have a leading position in the local government using Internet and making web-sites – while the Town Hall limps behind.

Table 1 - Running costs for Nordic Public Libraries (1995)

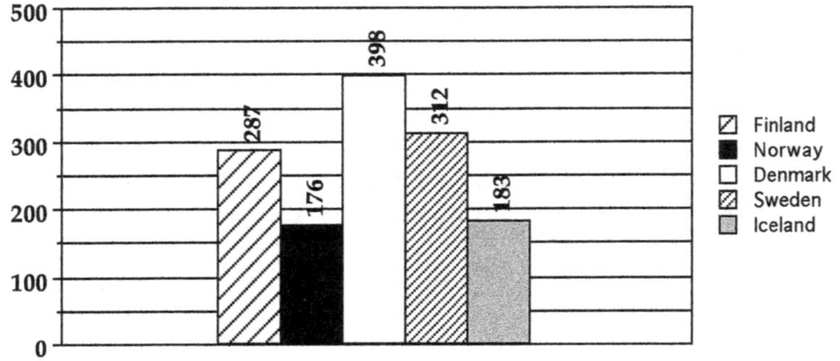

Table 2 - Acquisitions - books and other media for Nordic Public Libraries (1995)

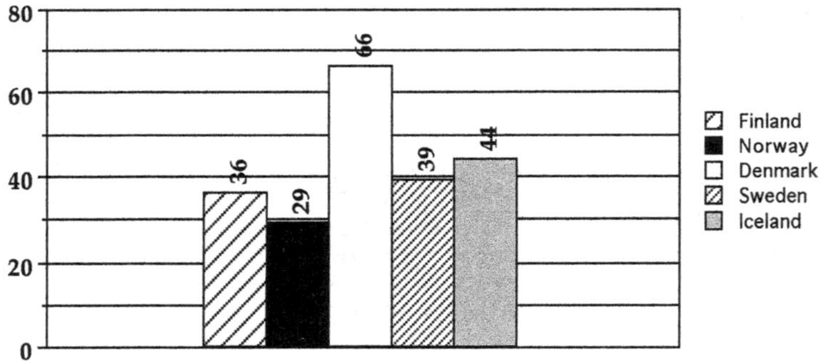

Table 3 - Lending per inhabitant for Nordic Public Libraries (1995)

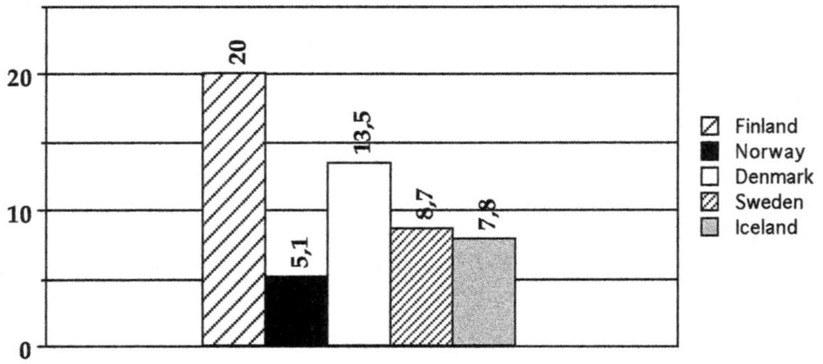

As a library manager I have often asked myself if all these new possibilities and challenges have influenced our attitudes and our way of marketing the library services. Has it affected our vision, our courage, our stamina, our ability to communicate effectively?

Before discussing this, let's stop for a while and look at some statistical data from the Nordic countries (Tables 1, 2 and 3). In order to have comparable data the year 1995 is used. The currency is Norwegian Crowns .

Economy and use are closely connected

The figures show that Norway is lagging behind even though today we have a strong national economy. It is a long step between the politicians' rhethoric praises of public libraries and their willingness to grant the money needed for an updated library system.

Norway has had fewer campaigns than have for instance Sweden and Denmark, and we have not had any real powerful and influential national politician or VIP to be our spokesman. Even so, we have some excellent public libraries with a variety of library services and exciting projects that are quite visible in the local community. But the average figures for lending and use are still insufficient – and so are our average opening hours.

We have been talking about marketing for years, but it was only three years ago that the Norwegian Library Association created a marketing-committee.

However, marketing starts with you! If you don't believe that your library's services are fantastic – how could you convince others that they are? Marketing your library must be part of you – all the time, every day .... But of course – your marketing policy must be true – if you tell people that your library is able to find an answer to all reference questions, then the library staff must be trained to achieve this level of competence. Quality and communication are essential if we shall be able to sell the library product. We have to know our users, their needs, and we must be willing to listen to their opinions.

Børge Sørensen, Director of Culture in Copenhagen and member of IFLA Executive Board mentioned in an article some years ago (1987), the following factors as being vital for marketing the library service:

- Speed
- Current interest/news value
- Re-organizing («clearance»)
- Lay-out
- Service-attitude

I want to look more closely at the last of the factors mentioned - the library staff and their attitude towards the users.

Power and privileges are highly valued in every society. Powerful and privileged occupations are accorded higher prestige. An American research study on librarians some years ago identified three sources of occupational power: economic, authority and knowledge. The economic power of librarians is modest, so is their authority. Knowledge is our strength; it is important in all societies today and even more valued than natural resources. Do we use this strength forcefully? We have a better chance today than ever before at being navigators in cyberspace.

Would libraries work under better economic conditions if our profession had been more confident and had had forethought? I will not go into all the myths about librarians – I'm fed up with them – but we must admit that we might be too withdrawn, too refined, and too cultured to adopt and use some of the gimmicks that marketing people use to create attention, or even sensation. We must strengthen the self confidence, be proud to be librarians and of being in the knowledge business.

A Norwegian professor in music, Jon Roar Bjørkvold, says that most professionals are too preoccupied with their systems. To make something happen you need a certain amount of madness and a little bit of chaos.

Positive staff attitude is vital for the atmosphere of the public library. As a library manager I want my staff to use their imagination, to have fun, to have some mad ideas, to market the books and reading in creative ways. I believe in a visible library where things happens, where there is some noise, where children are allowed to laugh, where elderly ladies are allowed to talk loud.

The staff in front must learn the secrets of communication, and learn to be confident enough to manage difficult situations and difficult users – as we all have those. The staff at the counter forms the picture of the library. Expensive campaigns do not help a bit if the users don't feel welcome or that you care about their needs – even if they are not asking sophisticated reference questions. We also had a good experience while making «Customer charter» (Table 4); the library had fruitful discussions formulating it, and the staff and users were made aware of which services the library promises to provide.

Increased competence in using the Internet is not sufficient, the staff still – and continuously – also need training in communication, in handling changes, in giving feed-back to each other – positive as well as negative. To be able to provide the right information, the staff has to be provided with the right information. This is a challenge to managers, and many studies identify this as one major problem in library management. When introducing changes it is vital to be certain that everybody is informed and to be aware that people see things differently – as in the following nursery rhyme:

«Two men in a jail
looked through the bars,
one saw mud
the other saw stars»

Another of Børge Sørensen's factors, «the layout» of the library, means a lot. People are more used to nice interiors today, they see them every day on television, in films, on pictures, in journals. Brown libraries are very seldom attractive! Red material on the chairs does not cost more than brown, but it makes a lot of difference. And of course the quality of the services and up-to-date collections are as important, and mean a lot for the marketing – but to discuss these we need another workshop...

A visible library is easier to achieve today because of the Internet – people can now see your collections from their work place, their home, and their school. The public libraries are visible in quite a new way, and by quality control they can be navigators on the Internet by linking useful databases to their web-site; they can offer local information, community information, etc.

These types of information are also vital in developing countries and the library may be the place in a village to have an Internet connection. I know that in many countries in the world these possibilities are not present today – they lack telecommunications, money, professionals, but I believe that in a few years this might change. Because of this new technology, many countries may skip one step in the development of libraries. But we shall also be aware that, to some societies and governments, this might be a threatening development.

You are also marketing the library by having alliances, which seem to be more important today. Two or three are stronger than one and may achieve more. An alliance with the press is important. However, we have to know how the press operates. The reporters want to write a good story and might stress something other than what you think is the most important. That's their choice, and we have to accept it.

Alliances with politicians, influential people, and organisations in the local community might help you in marketing the library. The former director of the New York Public Library, Vartan Gregorian, once replied to a Newsweek reporter when asked how he handled going to concerts, receptions, theatre, etc. : «If the library is not there, they don't think it is important».

Table 4 – Baerum Library Citizens Charter

BÆRUM LIBRARY – CITIZENS CHARTER

We guarantee that

- IT WILL BE EASY for you to use the library (appropriate opening hours and clear signposting).
- YOU WILL BE ASSISTED and helped in a pleasant and professional way.
- IF YOU ARE UNABLE TO COME to the library because of illness, handicap, or old age, you may get books delivered to your home.
- OUR LIBRARIES WILL BE WELL STOCKED and that your suggestions will always be considered.
- WE WILL HAVE UP-TO-DATE public information available as well as newspapers and periodicals.
- WE WILL BORROW FROM OTHER libraries if necessary, any textbooks or other material you may need (students should however use their university- or college libraries).
- YOU CAN BORROW FREE of charge.
- YOU WILL GET AN ANSWER even to complicated queries within 3 working days.
- YOU WILL GET AN ANSWER within 10 working days if you order items the library does not possess, and which have to be purchased or borrowed from other libraries.
- YOU WILL BE ABLE to express any criticism or praise, that you feel you would like to give us, on readily available suggestion slips, and we will give you an answer within 10 working days.

Table 5 – Let your Librarian be your Guide

MARKETING AND SWEDISH LIBRARIES. ABOUT THE SITUATION TODAY AND THE IMPORTANCE OF VISIBLE LIBRARIANS.

Christina TOVOTÉ
Senior Librarian, Malmö University, Sweden
Formerly at Lund City Library, Sweden

ABSTRACT

Today's information society in which the gap between info-rich and info-poor continues to widen needs libraries more than ever and the librarians are in a way the guardians of democracy. After reminding us of the importance of marketing activities (which should always be a priority even - and especially - in times of financial restrictions), the author suggests that these activities should aim at bringing the users to understand fully all the potentialities of libraries and of their personnel. Examples are used to present the Swedish situation.

RÉSUMÉ

La société de l'information actuelle, où le gouffre s'élargit entre « info-riches » et « info-pauvres », a plus que jamais besoin des bibliothèques et surtout des bibliothécaires qui constituent, en quelque sorte, les gardiens de la démocratie. Après avoir rappelé l'importance des activités de marketing (qui devraient être à l'honneur en tout temps, y compris – et surtout – en période de récession financière), l'article suggère que ces dernières pourraient être mises à profit afin de favoriser la prise de conscience par les usagers de toutes les potentialités des bibliothèques et de leur personnel. La situation suédoise est évoquée à travers des exemples.

Norway and Sweden have a lot in common. We both look with envy upon our fellow Nordic countries, Denmark and Finland. Denmark has always been the leading library country here. And while my home library, the Lund City Library, is proud of circulation figures such as 14 books a year to every citizen, one of the best in Sweden, Finland can brag of 50! How they do it? There are a lot of theories but I think there must be some marketing to it. But we do try to catch up!

One special thing we all have in common is the darkness and the custom of the old days to sit in the twilight telling stories; we also share the stories we have inherited together: the Icelandic saga. During the autumn of 1997 we plan to draw attention to the libraries all over our countries by a ceremony in which we turn out the lamps, light a candle and read the same part from the Saga of Egil Skallagrimson - the chapter of the death of Bodvar - in every library at the same time! This part is one of the first examples of conversation therapy - the power of the word, when Thorgerd cajoles her father into poetry instead of starving himself to death. Of course we are in different time zones so it will be at 3 o'clock p.m. in Greenland, at 6 p.m. in Iceland and the Faeroe Islands, at 7 p.m. in Denmark, Norway and Sweden and at 8 p.m. in Finland and Aland. This manifestation called «Sit in the twilight - the word in the Nordic countries» will begin a library week full of many activities everywhere.

Drawing attention to the libraries is increasingly necessary in the changing information society of today. Nevertheless my main issue in this paper is something that I find more important than ever: marketing the librarian.

But first I will say something about the situation today.During the nineties Sweden, as well as the whole western part of the world, has suffered from a huge economic recession and the public sector everywhere has been threatened by large cutbacks. At the same time, the number of visitors and the circulation figures have increased to larger numbers than ever before.

There are two ways of looking upon marketing in times of crisis. One way is to cut the budget and go back to basics. The other way is to look upon it from the business economics point of view. That means that you raise the marketing budget in order to invest for the future and use it as an instrument for management. The stronger the competition the more important the marketing becomes, that rule states. Advertising pays during bad times. When there is a slow down in business activities, cutting costs where you can may soon follow, especially the costs of marketing. But then you overlook a couple of important things.

One is that the effect of marketing is at its greatest during a recession because many others give up advertising at that time. You will become more visible! You will reach more people! But the one who stops is easily forgotten and it is very hard to later regain what you have lost. A lost audience or clientele might have found alternatives.

The other is that marketing affects the future. What you do today will also have an impact tomorrow! When the times change - and they will! - your activities will play an important role in the public's consciousness, among your target groups. You have had enough foresight to maintain communication with them throughout.

In Lund we have tried very hard to be visible over the years and I am sure that pays off today when our customers protest about every cut and are well aware what we can do for them. Libraries of all kinds compete for people's time and tax money and now in the 90's they must identify and vindicate themselves in a new way. PR, marketing and information as instruments in that struggle are more important than ever.

In Sweden the «Library Association's Committee on Marketing and Information», of which I am the secretary, has created a network of librarians in the country responsible for marketing in their libraries. With this we have a target group for our activities and can easily get a lot of information spread out in the country.

Two years ago I sent an enquiry, which also became an article last year in «Biblioteksbladet», to everyone, 265 librarians, in order to get an idea of the situation for marketing in Swedish libraries at the end of the worst crisis. Who worked with it? Was the management involved? Did they have any money at all to spend on things other than basics? Were they proud of anything they had done, etc. A positive thing seemed to have happened in the middle of those bad times: the view of marketing as a part of managing had succeeded at last! Everybody agreed as to its great importance.

I also recently sent a question out on the Nordic library discussion group BIBLIST on the Internet, as well as asked my own library director her opinion of the situation. And everybody underlined this tendency: all over the country, libraries have become aware of the importance of being visible by different kinds of activities and things such as posters, folders, media messages, and professionally made homepages. Focusing on the user starts to be common in a new way, and more libraries construct user surveys. Even in research library the user is the center and flexibility is much higher.

But there is still a long way to go when it comes to changing the attitude! To make the staff understand that marketing is the meeting between them, the library and the customer, we need a kind of a revival!

And why do I mean that this is so utterly important today? Because we as librarians are more or less the guarantee for democracy!

Make the librarian visible!

Once I heard an advertising manager say that the most invisible person in the library is the librarian! I have never forgotten that. He also said that we very often market our libraries with pictures of our buildings and with figures about how many books, newspapers, databases, etc. we have. Everybody knows that we have a lot of books! What use does a customer have for 30 000 books when the only thing he is interested in is how he can help saving the orang-utans in Sumatra!

If our library building is one of the most beautiful in Europe, drawn by a famous architect and recently opened, of course we want to show it in folders and booklets. But why should the Lund City Library have a boring picture of the entrance when we can have our library director on the first page wishing everybody welcome? And even if we are proud of our local history department which is inside a typical 19th century town house, it is better to show the staff that can help you inside. People invade our libraries, but that does not mean that they get the proper services; there are still a lot of groups that do not come because they are unaware of the help they can get.

The librarian today is in a way the guarantee for democracy. He or she can show the way to the right information for people who find it increasingly difficult with all the new information technology.

There is a difference between information and knowledge. Information is something that exists out there independent of us. Knowledge is a relation between us and the information, a capacity to judge that makes it possible to separate essentials from nonessentials. The librarian is a gatekeeper to this knowledge and to our old role of collecting, organising, storing and distributing we can add *creating* information. The libraries stand alone in having skilled staff able to take care of all the questions like that.

The gap between those who can take advantage of the possibilities in the information society and those who, for different reasons, cannot, will be even larger in the future. You might have heard the new names TechKnows and TechNots. An article on the editorial page of «Dagens Nyheter», the leading national newspaper in Sweden (8th of August 1997) deals with this: «It's high time to close the information gap». Who is in the risky zone? Recently two researchers, Torsten Österman and Joachim Timander, confirm in a report called «Internetanvändningen bland Sveriges befolkning - The Internet use in the Swedish population» what other media researchers such as professor Lennart Weibull have found: information gaps are rapidly growing between different groups («Ett missnöjt folk» - A discontented people, 1996). One forms between young and elderly people. Those born in the 20's almost never use the Internet whereas those born in the 70's form the first big IT-generation. Another difference is the one between men and women: 13% of the men but only 5% of the women surf, which corresponds to the difference between town and countryside. Also the social difference is worth considering. The number of Internet users is much larger among academics than among the workers.

According to Professor Weibull, the difference has not so much to do with money as with the lack of confidence and a negative attitude towards the information technology. This is a great challenge and we must welcome the opportunity. Otherwise we will be left behind. We should be proud to have that role! And we are not alone in thinking that we will manage!

In Scientific American (number 3, March 1997), the whole issue was about how to civilise the Internet. The editor in chief writes:
«Conan the librarian? No, that doesn't fit the profile. In the popular stereotype they certainly aren't the sort who should be trying to conquer a bold new frontier. But for taming the particular frontier of Internet, the right people are librarians, not cowboys. The Internet is made of information, and nobody knows more about how to order information than the librarians, who have been pondering that problem for thousands of years».

But how do we inform people of our skills? How do we tell them that we exist at all? Not too long ago I visited the new national library in Paris. Our group was alone because it was Monday and the library was closed. And yet the librarian showing us around literally whispered! Maybe I, who was a foreigner with language difficulties, especially noticed it. But I have also had the same experience in other libraries in Sweden, so I don't mean to point out that French librarian. It seems to be more common in research libraries to almost hide oneself instead of stepping forward. As far as I know it is the total opposite among information officers; I have noticed that since I also belong to their association. They walk proudly forward and take place in front of the audience and talk with loud voices, positive that what they have to say is very interesting. «Step in and say 'Good Evening'! so they see that you exist!» as Toffle, the shy figure in one of Tove Jansson's, the famous Finnish author's books, is urged. Toffle becomes stronger in the end. We must become stronger with our new role. I think the way they recruit students to the library schools today in Sweden (with interviews, etc.) might guarantee a new kind of librarian.

We all know the old picture of the librarian and are fed up with it. Female librarians and male engineers have been pointed out as the two unsexiest occupations. I wonder what happens if they marry! In the Swedish cartoon «Single mother» the librarian is at least a man! But something has changed. Amanda Ooms, famous actress, author and artist, acted in a British TV-series in the spring 1997, where she was a beautiful but man-mad librarian who at every full moon was transformed into a werewolf. She falls in love with a zoologist. The problem is whether she will dare to unveil the animal within herself for him or not? But this is not the solution either.

It is not my intention to be superficial and provocative only. Well, a bit provocative, of course. But I am perfectly serious. It is not a matter of how we look or of a lot of flashy demonstrations; people must have a chance to meet us and to see us at all. In the fantastic new City Library of Malmö they have decided to meet the users on an equal level. The word «encounter» is the title of their marketing plan, which the whole staff had studied and discussed for a long time before the opening. Marketing is the meeting! And if you go there you will notice that they have no old-fashioned information desks. In every department there is a meeting point at a small table with a computer and a high chair to lean on, rather than to sit in, so that the librarian comes up to eye level.

This is addressed to all librarians whether we work in public, scientific, corporate or other kinds of libraries: Use name signs, be present where things happen in your surroundings, dare to be personal, show pictures of the staff in folders and home pages! Always follow a visitor to the next information desk if you cannot answer the question yourself; tell him or her the name of your colleague and what he or she can provide!

In the Lund City library we have produced pamphlets with photos and personal literature tips from staff – one member at a time. We have also walked around on the floor with a big button saying: «Ask me!» Marketing by walking around, you might call it. Find out who the poorly informed are in your town! In Lund we have invited elderly people between 65 and 85 to meet us personally and get information about the services we have. This was after a user's survey that told us that they were afraid of all the students who always occupy the public libraries in university towns.

In Sweden the banks advertise like this: «Get your own bank advisor!» Why not send a booklet to every politician in your town with the recommendation: «Get your own librarian!» With photos, telephone number and opening hours of course. We did that in a pamphlet in which we introduced the chiefs of the Reference and the Magazine department along with the statement: «We can help you with your speeches!»

You certainly know the Latin phrase «Esse, non videri» or «Esse quam videri», which well-known companies and other world leaders, among them Fredric 2nd of Prussia, used as a motto. It means to be, and not to be seen to be pretending to be someone or something you are not. It is of course important to meet the expectations, to meet the demands of the visitors towards whom we market ourselves. We cannot cheat the public in the long run. But we know we have something good and essential to offer; sometimes I think that we have too long believed in more or less doing just that, secretly relying on our own good, if slightly boring, reputation.

I repeat that being visible is important especially for the librarian today! Not visible for its own sake but for the sake of the poorly informed and for democracy.

It is time to market the librarian!

LES RÉTICENCES DES PROFESSIONNELS DE BIBLIOTHÈQUE AU MARKETING

Marielle de MIRIBEL
Conservateur en chef à Mediadix
Professeur associé à l'IUT Métiers du livre, Université de Paris X

RÉSUMÉ

Cet article commente un ensemble de réponses, recueillies au cours de journées d'études organisées en 1996 par l'Association des bibliothécaires français (ABF), où les intervenants français du monde des bibliothèques indiquent les raisons de leur réticence persistante à incorporer des techniques de marketing dans leurs pratiques professionnelles. Ces réponses – qui reflètent une profonde méconnaissance du concept de marketing de même que nombre de préjugés solidement enracinés – sont, dans un premier temps, examinées à l'aide de la théorie des six fonctions du langage du linguiste R. Jakobson (émetteur, récepteur, message, code, canal, contexte). Une typologie des répondants et une analyse des différents niveaux de discours rencontrés sont ensuite présentées. Signalant la présence de préoccupations officieuses sous les discours officiels, de même que la nature parfois fortement émotive et irrationnelle des menaces perçues, l'article souligne en conclusion que l'implantation croissante du marketing au sein des services culturels et publics favorisera sans doute une évolution générale des mentalités.

ABSTRACT

This paper analyses various answers collected at a seminar organized by the French Association of Librarians (ABF) where participants were discussing the different reasons why they hesitate persistently to incorporate marketing techniques into their professional practice. These answers – which reflect a profound misunderstanding of the marketing concept as well as numerous prejudices which are deeply implanted – are first examined through the six functions of language theory from the linguist R. Jakobson (transmitter, receiver, message, code, channel, context). A typology of respondents and an analysis of the different discourse levels encountered are then presented. Indicating the presence of unofficial preoccupations under the official discourse as well as the often strongly emotive and irrational nature of perceived threats, the paper underlines in conclusion that the increasing rate of implantation of marketing management within cultural and public services will probably favour the constant evolution of mentalities.

Introduction

Cette communication est une analyse d'un florilège de réponses à des incitations au marketing, réponses qui traduisent une réticence profonde des professionnels du monde des bibliothèques à l'adoption du marketing dans leurs pratiques professionnelles. Ces réticences ont été collectées au fil des rencontres et au cours des débats d'un cycle de trois journées d'études que nous avons organisées en 1996 sur le thème de la promotion des bibliothèques, dans le cadre d'un des groupes régionaux de l'association professionnelle ABF.

Pourquoi le marketing des bibliothèques est-il si difficile à mettre en place en France? Les réflexions consignées ici montrent une méconnaissance de ce qu'est réellement le marketing, et des préjugés ancrés dans un consensus largement répandu. Comment faire boire un âne qui n'a pas soif?

1. Les réticences au marketing dans les six fonctions du langage

Bien souvent, on constate en communication que les « bruits », l'incompréhension, ne sont pas uniquement le fait des interlocuteurs eux-mêmes, mais dépendent dans une large mesure du contexte et des conditions préalables à la communication. En ce qui concerne les tribulations du marketing, et ses difficultés à percer le monde compact des bibliothécaires, un premier tour d'horizon dans les six fonctions du langage établies par Jakobson, permet de relativiser et de comprendre un nombre important de dysfonctionnements.

Les arguments avancés ici sont tout à fait subjectifs, en ce sens qu'ils reflètent la réalité du discours entendu chez les collègues, des préventions qui gênent la portée réelle du message : le marketing en bibliothèque.

1. 1. L'émetteur

Qui parle du marketing? L'émetteur joue un rôle essentiel dans l'adhésion de l'interlocuteur au message. La question essentielle qui peut être posée ici relève de son statut et de ses compétences à distribuer des conseils : « l'émetteur est-il un interlocuteur valable? »

Or il se trouve que dans ce domaine, certains interlocuteurs ne sont pas jugés valables :

« C'est un marchand »

Par ce constat, qui signe la différence existentielle entre un bibliothécaire et le marché privé, on appuie ici sur la différence de statut, qui rend suspicieux tout discours prosélyte.

« C'est son intérêt de me persuader »

La bonne foi, et surtout l'impartialité de l'émetteur sont ainsi mises en doute.

« Ce n'est pas un professionnel des bibliothèques : il ne sait pas de quoi il parle »

« Cette personne qui me parle de marketing, elle parle « sans savoir », elle assène des vérités sans connaître la réalité du terrain »; ce type d'interférence rend la discussion tout à fait inutile puisque chaque argument avancé est entaché de rêverie, d'élucubration dans le vide.

1. 2. Le récepteur

Dans le cas étudié ici, c'est le bibliothécaire qui est le récepteur. Est-il prêt à entendre, à écouter, sans a priori?

« Je ne veux pas entendre »

Pourquoi? Parce que le marketing fait référence à l'argent, et « tel Ulysse sur son navire, je refuse d'écouter les Sirènes aux voix perfides. »

« Je ne suis pas concerné »

Car le marketing ne pense qu'à vendre, « faire du chiffre », et « en bibliothèque, nous privilégions la qualité du service avant la quantité. »

« Je ne comprends pas ce qui est dit... »

Pourquoi? « Cela fait appel à des notions que je ne maîtrise pas, je n'ai jamais appris ça, le marketing, ce n'est pas dans ma manière de travailler. »

1.3. Le message

La teneur du message, – le marketing en bibliothèque – est filtrée, appauvrie par les pré-requis justifiés ou non que les interlocuteurs ont sur la question, en préalable à la discussion.

« Marketing = vendre »

La mission des bibliothèques, chacun sait cela, n'est pas de vendre, mais de proposer des services, de mettre en valeur des collections destinées à l'éducation et aux loisirs.

« Marketing = répondre à un besoin »

Or l'on sait par de nombreuses études que contrairement aux circuits commerciaux, les bibliothèques ne répondent pas à une stratégie de la demande, mais de l'offre : leur réalité est d'anticiper sur la demande, de créer le besoin.

« Marketing = vendre du vent »

Le marketing rejoint dans cette triste réputation la communication. Faire « de l'esbroufe » n'est pas le rôle des bibliothèques, elles font un travail de terrain, de fond et se sont engagées comme partenaires actifs dans la lutte contre l'illettrisme. Elles ont un rôle social et démocratique à assumer.

1. 4. Le code

Quel langage utilise-t-on pour parler du marketing? Bien souvent, le langage utilisé est inadapté à la situation, car ni les termes ni les arguments mis en avant ne sont sur le bon registre.

« C'est du chinois pour moi »

Les termes utilisés appartiennent à un langage technique encore imparfaitement maîtrisé dans la pratique des bibliothécaires. Ne serait-ce que le terme de « promotion », qui donne lieu à de nombreux malentendus : les uns y voient l'objectif du marketing sous une forme voilée (promouvoir la bibliothèque et ses services), d'autres y voient une action de promotion des ventes par une action commerciale ciblée (soldes, trois produits pour le prix de deux, etc.).

« Il me parle d'efficacité, j'attendais un encouragement »

Bien souvent, en voulant promouvoir le marketing, on se trompe de registre : on croit rassurer en fondant son discours sur des faits concrets, alors que l'interlocuteur a besoin avant tout d'être rassuré sur la mise à jour de ses compétences. Quelle est la part du « moi » dans les discours pro-marketing?

1. 5. Le canal

« Personne n'en parle... »

Où et quand parle-t-on de marketing dans l'univers professionnel? Rarement, et dans des circonstances confidentielles. Les congrès professionnels, qui constituent une sorte de pouls de la

profession, n'ont jamais abordé ce thème, si ce n'est lors du congrès annuel de l'abf consacré il y a dix ans à l'image de marque des bibliothèques[1].
Les documentalistes y consacrent plus d'intérêt et un numéro spécial sur ce sujet a été publié début 1997 dans la revue de l'ADBS, *Documentaliste-Sciences de l'information*, avec, entre autres, un article de Réjean Savard.[2]

« Sauf une... »

Si les publications professionnelles en font peu état, peu de ténors de la profession en font publiquement usage. Il faut citer ici a contrario une exception, le directeur de la BPI, Martine Blanc-Montmayeur, qui dans ses communications publiques, attaque le dogme du « tout public indifférencié ».

1. 6. Le contexte

« Place ! Place ! Place à Internet et aux nouvelles technologies ! »[3]

Le marketing en bibliothèque n'est pas un sujet à la mode. La mode actuelle, les questions à l'ordre du jour ont toutes trait à la magie des nouvelles technologies : la technique, qui fascine et qui rassure, et derrière lesquelles les bibliothèques s'épuisent à courir, avec toujours un train de retard.

« Tout le monde est de mon avis. »

Dans le domaine des pratiques, l'importance de l'environnement est un facteur à souligner : chacun veut se conforter dans le consensus général. Et le consensus général est de refuser d'entendre parler de marketing. Le terme lui-même fait se fermer oreilles et esprits. Il faut parler de « promotion », terme plus édulcoré et pourtant inadapté.

On voit donc, d'après ce premier panorama, se dégager des zones sombres dans lesquelles la perception du marketing sera d'emblée entachée de suspicion. Si l'ensemble de la profession est si réticent, quels problèmes cela pose-t-il? Quelles valeurs, quelles pratiques, quels acquis risque-t-il de remettre en cause?

2. Essai de typologie des acteurs selon les valeurs affichées

Selon la personnalité à qui l'on s'adresse, arguments et réparties pour et contre le marketing, seront sur des registres différents. Les réticences affichées permettent d'élaborer une typologie assez succincte, qui permet de dégager schématiquement les grandes tendances.

2. 1. Le missionnaire des valeurs traditionnelles

Le « missionnaire » est le bibliothécaire qui met en avant, dans toute discussion, les missions pour lesquelles il est mandaté. Il tire fierté de la nature élevée de ces missions pour en tirer une juste vanité et regarder d'un peu haut les « castes inférieures ».

« Nous n'avons pas les mêmes valeurs »

Pour un bibliothécaire, « Je gère un service public » signifie entre autres que l'argent, toujours lui, n'est pas un critère à retenir. Les valeurs du monde marchand n'ont pas cours dans les bibliothèques, c'est un autre monde, et pour certains, c'est le diable.

« Nous, nous faisons dans le culturel »

Le « culturel » est une des valeurs nobles de la société, cultuel pourrait-on dire. Mêler le cultuel à des valeurs impures telles que le marketing serait dans une certaine mesure le galvauder, le souiller. Sacrifier au marketing serait perdre son âme.

Par ailleurs, se déclarer officier « dans le culturel » est une manière de signifier la survalorisation des valeurs patrimoniales; de nombreuses bibliothèques ont encore une mentalité, une stratégie orientée vers la valorisation et la conservation des collections, au détriment de l'attention à accorder aux usagers, lecteurs et emprunteurs.

Ces deux arguments sont d'autant plus virulents que le bibliothécaire s'identifie à ces missions nobles de service public et de service culturel. Il se sent lui-même mis en cause, personnellement menacé, et réagit d'autant plus violemment.

« Le marketing risque de pervertir les missions des bibliothèques »

Cet argument découle des deux précédents, même s'il semble plus pondéré. Si le marketing a pour but le profit, faire du chiffre (d'inscrits, de prêts, d'activité), cela équivaut à privilégier la quantité avant la qualité. Or les bibliothécaires se sentent avant tout valorisés par la qualité de leurs collections et de leurs prestations et la bonne tenue de leurs outils documentaires.

Par ailleurs, s'il faut faire du chiffre pour justifier son existence, cela justifie et encourage le phénomène de masses qui envahit les bibliothèques publiques. Or pratiquement aucun bibliothécaire n'est préparé techniquement et psychologiquement à faire face aux masses d'usagers qui envahissent les lieux et leur donnent l'impression d'être devenus des caissiers, au mépris de leurs qualifications professionnelles.

« La bibliothèque n'est pas la Jungle »

Introduire la notion et la valeur de l'argent, du profit en bibliothèque équivaut à inverser la priorité des missions. À la notion de Jungle est associée la notion de profit, certes, mais aussi de rentabilité, prônée par le marketing, issu du monde commercial. Or pour beaucoup de professionnels, la bibliothèque est encore un monde où les valeurs de gratuité, de liberté sont valorisées, où chacun peut vaquer sans avoir à justifier de sa présence ou de ses activités, dans la mesure où il respecte le règlement intérieur.

En effet, pour beaucoup de bibliothécaires, encore maintenant, la bibliothèque est perçue, à tort ou à raison, comme un monde clos, protégé, et dehors, c'est la Jungle.

2. 2. La pragmatique, bibliothécaire de terrain

La pragmatique, bibliothécaire de terrain, a selon l'expression de certains collègues, « les mains dans le cambouis ». Il se préoccupe de gérer son établissement avec les moyens du bord et en période de crise économique, de gérer la pénurie tout en maintenant la qualité des services proposés. Il est fort occupé, devrait avoir cent bras, et pour lui le temps est la denrée la plus précieuse.

« Dans ma bibliothèque ce n'est pas adapté »

« Ma bibliothèque est trop modeste, dira-t-il, trop exiguë et ces grands principes de management ne s'y appliquent pas. Je gère le quotidien. J'ai à résoudre des difficultés bien plus essentielles : le manque de personnel, les questions budgétaires, les problèmes de locaux, de censure, etc. »

« Le marketing c'est du luxe : ce discours s'adresse à ceux qui ont du temps à perdre. »

Ce type d'argument s'accompagne généralement d'une certaine acrimonie due à un besoin de reconnaissance inassouvi : « » On » demande de plus en plus de compétences pour une reconnaissance égale – salaire, etc. –, et un nombre en personnel équivalent ou inférieur. « On » veut nous faire travailler plus pour gagner moins. »

Ce type de discours met en évidence un trait de caractère assez répandu dans la profession que l'on pourrait qualifier de tendance à une certaine paranoïa : « toutes ces nouvelles théories, ce n'est pas pour moi, je suis trop insignifiant et ma bibliothèque est trop insignifiante ».

2. 3. Le timoré ou la résistance au changement

« On a toujours fait autrement. »

Le timoré se retranche derrière l'habitude et les rites quotidiens qui le sécurisent. À quoi bon remettre en cause un système qui fonctionne bien, pour adopter ces nouvelles manières assez farfelues?

Le mieux est l'ennemi du bien. C'est bien trop compliqué de changer de méthodes de travail. Si par ailleurs, méthodes et résultats ne font pas l'unanimité dans la profession, si les résultats ne sont pas révolutionnaires, pourquoi changer?

Les métiers du livre ont longtemps attiré, en raison d'une image de marque inadaptée à la réalité professionnelle, des esprits timorés, caractérisés par un certain conservatisme, la peur de la nouveauté et le besoin de refuge dans les valeurs sûres, c'est-à-dire éprouvées par le temps.

Le combat à mener est ici similaire à celui qu'il a fallu mener aux origines de l'informatisation des bibliothèques. Seul le fait que tout autour, les collègues ont changé peut amener à résipiscence le récalcitrant.

Ces trois positions psychologiques fortement tranchées conditionnent l'approche du marketing d'une manière récurrente.

3. Les différents niveaux du discours : l'émotif sous le rationnel

Sous les différents arguments avancés, sous le discours officiel, il existe souvent un souci officieux, plus réel et plus puissant que tous les discours.

3. 1. « Je refuse d'en parler »

La répulsion, la résistance font ici la part belle au facteur émotif : en quoi la personne, le moi est-il concerné, mis en danger?

« Ne verra-t-on pas mon incompétence? »

La peur de perdre la face, vis à vis des collègues, de la hiérarchie ou des subordonnés, est souvent latente dans bien des discours engagés. Plutôt que de risquer de mettre à jour son incompétence[4], ou plutôt la peur d'être incompétent, on préfère se cantonner au discours dominant.

En réalité, le marketing est une notion nouvelle, non maîtrisée, et plutôt que d'avoir l'air de ne pas savoir et de montrer l'incompétence du chef, autant dire que le marketing n'est pas adapté aux bibliothèques.

« Qu'en pensent les autres? »

Cette question sous-jacente traduit la peur de sortir du troupeau. On préfère « hurler avec les loups » plutôt que de se faire remarquer par une attitude non conforme, même si ce métier est réputé pour son individualisme.

Ce type de comportement est crédible, si tout autour les collègues procèdent de la même manière, si on est « dans le gros du troupeau ». En revanche, si tout le monde autour s'est converti au marketing, pour ne pas perdre la face, il faudra suivre la tendance.

3. 2. « Ça ne m'intéresse pas »

Par opposition aux facteurs émotifs dominant dans le paragraphe précédent, ceux qui se détournent paisiblement, sans état d'âme, portent le terrain de la discussion sur des arguments rationnels, de technicien, liés à des méthodes de gestion.

« Le marketing n'est qu'un outil parmi d'autres. »

« On en fait tout un plat » du marketing, parce que c'est à la mode, mais ce n'est qu'un outil, qu'on doit laisser à la place d'un outil, et ne pas l'ériger en dieu tout puissant, l'utiliser à toutes les sauces.

« Ce n'est pas une priorité »

On n'a pas le temps : il y a déjà, dans cette profession, trop de métiers implicites à maîtriser : pour pouvoir dialoguer avec nos interlocuteurs il faut maîtriser leurs langages et leurs méthodes de travail : c'est-à-dire le langage politique, financier, administratif, universitaire, scolaire, informatique, etc. Vous nous parlez d'un nouveau langage, celui du marketing, est-ce vraiment nécessaire? »

« On n'en n'a pas les moyens »

Appliquer le marketing en bibliothèque implique une stratégie. Or, nous n'en avons pas les moyens. En premier lieu, nous n'avons pas de moyens financiers affectés à ça, et d'autre part, ce qui est encore plus dommageable, nous n'avons aucune influence sur la politique de notre tutelle en ce domaine. Nous dépendons de gens capricieux qui changent de postes assez souvent, et n'avons aucune maîtrise sur le long terme.

« Ce n'est pas notre travail »

Derrière cet argument, dans lequel le marketing est assimilé à un instrument de gestion, se trouve l'inquiétude de ne plus se sentir ou être perçu vraiment comme un bibliothécaire, mais plutôt comme un gestionnaire (de n'importe quoi). Or, de nombreux bibliothécaires ont choisi ce métier parce qu'ils aiment les livres, qu'ils aiment lire et discuter avec les lecteurs.

3. 3 « Au fond, tout ça on le fait déjà! »

En dernier lieu, il faut citer ceux qui croient toujours tout savoir, et ne prennent pas l'effort d'écouter vraiment leur interlocuteur. Ils sont obnubilés par un besoin de reconnaissance qui les pousse à retrouver toujours dans les propos de leur interlocuteur l'écho de leur propre expérience.

« Chez nous, c'est pareil (en mieux!) »

Persuadés qu'ils appliquent les principes du marketing sans le savoir, comme le Bourgeois Gentilhomme faisait de la prose sans le savoir, ils retraduisent tous les concepts du marketing « à leur propre sauce », sans crainte des contresens.

« N'écoute pas, moi je vais t'expliquer (mieux) »

Non contents de ne pas savoir, au niveau d'incompétence inconsciente où ils séjournent, ils empêchent les autres de se former aux idée nouvelles.

Ceux-là, qui croient savoir et se trompent, ajoutent de l'eau au moulin de ceux qui ne veulent pas en entendre parler. Persuadés d'être dans le vrai, ils sont les plus difficiles à faire évoluer.

Conclusion

Les menaces que représente le marketing sont-elles réelles ou imaginaires?

Certaines de ces réticences à l'utilisation du marketing en bibliothèque n'ont qu'un lointain rapport avec la compréhension, la réalité du marketing. Dans les arguments avancés, on trouve, échelonnés sur un axe qui va des émotions aux critères rationnels, des éléments qui relèvent plus de la croyance que de dangers réels. Pourtant, et c'est en cela que réside la difficulté, ce ne sont pas les croyances qui sont les plus faciles à battre en brèche, car elles prennent appui sur des éléments affectifs, qui mettent en jeu un « moi » fragilisé.

Une fois listées les réticences, il ne reste plus qu'à en trouver la parade!

Les atouts du marketing ne suffisent plus, il faut y adjoindre les vertus de la communication.

Ceci dit, le marketing est en constante évolution, et ce qui était encore vrai il y a cinq ans est obsolète aujourd'hui. Les services culturels, et les services publics ont aujourd'hui besoin du marketing, et le mouvement général fait insensiblement évoluer les mentalités.

---

[1] Congrès annuel de l'abf à Marseille, mai 1987, dont les débats ont été réunis dans le bulletin de l'abf n°140.
[2] Réjean Savard et Mireille Pinchaud : « L'attitude des bibliothécaires-documentalistes envers le marketing », in Documentaliste-Sciences de l'information, 1996, vol. 33, n°2, p. 67-74.
[3] Plagiat humoristique du slogan de Virgin Megastore : « Place ! Place ! Place au Virgin Megastore ! »
[4] Voir à ce sujet de Principe de Peter.

LOBBY FOR LIBRARIES. PUTTING MARKETING PRINCIPLES TO WORK !

Virginia WALSH
Executive director, Australian Library and Information Association

ABSTRACT

Librarians and other information specialists are constantly confronted by the necessity of convincing others (particularly decision makers in public services) of the value of their profession. Regarding this, marketing tools could become very useful. This paper describes the « Lobby for libraries » program which has been developed for the members of the Australian Library and Information Association (ALIA). This program aims to promote the interests of libraries to politicians, government, enterprises and the general public. Underlining the importance of such an initiative, the paper then presents the steps towards a successful lobbying campaign and gives some advice especially on how to deal with media.

RÉSUMÉ

Les bibliothécaires et autres spécialistes de l'information sont perpétuellement confrontés à la nécessité de persuader autrui (notamment les décideurs des pouvoirs publics) de la valeur de leur profession. À cette égard, les outils de marketing peuvent se révéler d'une aide appréciable. Cet article décrit le programme « Lobby for libraries », conçu à l'intention des membres de la Australian Library and Information Association (ALIA). Ce programme vise la promotion des intérêts des bibliothèques auprès des politiciens, du gouvernement, des entreprises et de la communauté dans son ensemble. Soulignant l'importance d'une telle initiative, l'article s'attarde ensuite sur les étapes d'une démarche de lobbying réussie et prodigue de nombreux conseils, en particulier en ce qui a trait aux relations avec les médias.

Introduction

The information revolution which evolved from the invention of the printing press in the 15th Century opened up wonderful opportunities for librarians. As the imperative for access to information emerged, tools and strategies for the management of this information were invented. Over the last four centuries we have observed increasing sophistication in the core competencies of librarians. But, in the same way as Gutenberg's publication of the Bible in 1455 ushered in a new era for the information access providers, the new digital information revolution provides us with a great challenge. As we face the imminence of the 21st Century some are asking whether we need librarians at all. Those of us who work in the library sector know the value of the librarian's information skills. We need however to work more effectively to convince the influence holders in our communities of the value of the profession.

«Lobby for libraries» is a program that has been designed to help the library community in Australia become better advocates for a variety of causes. Based on marketing principles, this program steers participants through the important stages involved in developing a campaign of advocacy. In essence it asks participants to define the issue or product they are selling, to develop solutions which are capable of implementation (at the right 'price'), determine mechanisms for distributing their message (place), and, finally, to identify ways to use the media and other channels to promote their cause. Students of marketing will be familiar with each of these principles. Not all, however, have had experience in linking these principles to the marketing of ideas and perhaps this deserves further research.

My task in making a presentation at the IFLA marketing workshop in Copenhagen was to report on the application of marketing tools in the library world. Lobby for libraries was the case study that I presented and what follows is a glimpse of this program in the hope that readers will find concepts of value in dealing with their own needs in these times of great change.

What is «lobby for libraries»?

«Lobby for libraries» is a program designed for members of the Australian Library and Information Association to facilitate the process of raising issues of concern to the library community with politicians, government officials, business and the community. ALIA, the professional association for librarians, library technicians and others working in the information sector, represents over 8000 individuals and organisations.

Libraries are a valuable cultural resource. They also perform a critical role in providing information for education and training, government decision making and business development. Libraries are located in all sectors : schools, TAFE, universities, government and business. Additionally there are about 1400 public libraries located throughout Australia, state libraries in all states and the Northern Territory and the National Library of Australia located in Canberra. All of these libraries provide information in a variety of formats including books, audio tapes, video tapes, compact discs, CD-ROMs and increasingly are providing access to on-line information such as databases and the Internet.

The adequate resourcing of libraries to provide on-line services is the most significant issue facing all libraries today. This, combined with management and industrial relations reforms, is creating an unprecedented environment of change in our libraries which, in some cases, is leading to library closures. An effective advocacy program will help to create a bright future for Australia's libraries and will be a critical factor in ensuring that Australians are well-positioned to take a leading role in the global economy of knowledge.

This program includes information about library issues, the advocacy process and ways in which library concerns can be promoted. Using a specially-prepared presenter's kit, advocacy seminars are being delivered to the library community throughout the country. The program also includes a personal action pack which ALIA members can use in their local areas to promote national and local interests.

The program has the major goal of ensuring that the library community in Australia is well prepared to fight for the future role of libraries and information services. Two elements of the program are documented here - the advocacy process and dealing with the media. The most important message of all is that advocacy takes careful thought and preparation.

The advocacy process

The process of advocacy is not easy. One cannot pop into a Government Minister's office for 'a bit of a chat' and expect to achieve any meaningful outcomes. So how does this process work? Is it intuitive? Are the outcomes serendipitous? It is a valuable exercise to contemplate how it is that we might gain influence -- and maintain it -- because, having undertaken such an exercise, we might better manage our affairs and replicate the successes we have enjoyed. We might also appreciate our mistakes and avoid their repetition. Identify the problems, issues and solutions. One of the essential ingredients of successful advocacy is that the case you are presenting must be well-researched. What are some of the major problems you are confronting in your library? Write them down.

Issues and solutions

It is not sufficient to only identify the problems. We must also develop a plan for their resolution. We should be able to demonstrate how the outcome we are seeking is in the interests of those influence-holders and decision-makers. An important feature of the advocacy process is that the case must not be seen to be based solely (or at all, if possible) on self-interest. It is simply not acceptable to argue, for example, that public libraries should be appropriately resourced to provide community access to networks because the employment prospects of public library staff cannot be guaranteed if this task falls to the post office. Rather we could argue that public libraries :

- are an existing network of information depots and the establishment of a network of information kiosks, telecentres, open-learning centres, citizens advice bureaux and the like would represent a duplication of effort and a waste of taxpayers' money;
- have staff who are skilled in providing access to information;
- are already familiar with networks;
- can train users; and
- already attract a clientele (eg those from a low socio-economic background) which would not have the private means to access networks. Now select one of the problems that you have already identified and break it down into issues and solutions.

Identify your targets

Identifying the influence-holders and decision-makers is not always straight forward. In the case of the public library example there are many players. Traditionally, librarians have turned to the cultural ministries. However, this is only a small part of the picture. Those we seek are to be found in all spheres of government (federal, state, territory and local), are elected and employed, are in government and opposition, on front and back benches. The issues are cross-sectoral and rely on patronage and support from portfolios such as the Arts, Communications, Local Government, Regional Development, Community Services and Education.

Using the example you have chosen, list those influence holders and decision makers who you need to target. Don't forget the 'gatekeepers'. They are usually not the decision makers but they need to be persuaded to provide access to the people you need to influence.

Harnessing community support

Our case may also rely on the demonstration of community support for our cause. The power of our case may be enhanced by support from other interest groups in our sector, unrelated interest groups and major organisations such as the National and State Libraries. Make a list of those other parties who may be able to support your case.

Anticipate the opposition

Be aware that there will be some individuals and groups who may oppose your issues and solutions. Who are they? What are their arguments likely to be? What strategy should you adopt in relation to these parties? Jot down any thoughts you might have.

Delivering your case

There is also the question of form. Once we have gone to the trouble of establishing an attractive argument and identified the targets of our advocacy we must ensure that the most appropriate format is used to deliver our message. Our delivery may rely on eloquence, fancy overheads or smart clothes but our case must also be in writing -- a couple of pages will often do. If the file does not exist, this will ensure it will be opened!

The Lobby for Library program provides practical guidance about composing letters and press releases. It also provides some tips on how to make an effective presentation. In the section on Speaking to politicians (not included here) we provide some useful information about what is most appropriate.

Evaluation

Having reached this point, we must follow-up. You will need to stay in touch with the people you are seeking to influence and you will need to sit down from time to time and evaluate your successes and failures. Did my strategy work? If not, why?

If you are prepared you will have some measure of success. Remember that the best, the most successful, advocates are not always well-known -- and the reverse is true. The well-known are not always successful advocates. Be confident about your cause and you capacity to succeed.

Do not be afraid to test your ideas on others. Consult colleagues, friends and family. Phone acquaintances whose opinions you respect and ask them to second-guess your ideas.

Dealing with the media

The nature of successful lobbying today invariably means having an interaction with journalists, reporters, producers, editors, interviewers and many other staff working in the media industry. There are a few simple rules that can be employed to ensure that your interaction with the media is successful whether you are dealing with radio, television or newspaper personnel. All contact with the media involves careful thought and preparation. There are also important issues of presentation that must be considered. This part of the Lobby for libraries program provides more detail on this aspect of the advocacy process.

Television and radio interviews

There are a number of ways of getting your message across using television and radio. The most likely opportunity will be through a pre-arranged interview but it could equally be an on-the-spot interview or request for comment. You may be fortunate enough to instigate a session, feature or program with your own agenda. The first question you should ask is : 'Am I the most appropriate person to be interviewed?' If you are not, find the person who is. The most appropriate person is the one who is in the best position to give the most informed answers, or to make the most pertinent points in the allocated time. If you are the best person for the job then make adequate preparation for the task at hand. Work out what points you want to make and rehearse your comments so that your points are made simply and clearly.

ALIA has produced a video that highlights the way in which you should approach a television interview, but many of the same principles of communication apply to radio. The ALIA video How to manage the media makes a number of points :

Be prepared : Be prepared for any eventuality. Don't expect that the pre-recorded session you have arranged will necessarily be just that -- be prepared for a live session just in case! Know where to go, who to meet, what to do, and what to say -- well before the event. And avoid making pressing engagements for immediately after the planned session : putting some programs to air can take longer than anticipated. An increasingly agitated interviewee will give the wrong impression.

Be on time : Arriving early will not only create a good impression, but allow you time to get ready, and to make last-minute changes if required. It also allows you time to ask questions of the interviewer, and to find out more about what to expect.

Look/sound professional : For television wear clothes in a single strong colour. Wear make-up, even if you normally don't and dress conservatively. Above all, don't let the clothes you wear distract viewers from the things you wish to say. Speak clearly and succinctly in a calm and considered voice. On radio your voice is all the listener can use to build a picture of you and your message.

Sit comfortably : This allows you to appear more relaxed on air, and gives you one less thing to worry about, either on radio or television.

Mentally rehearse : Rehearse the points you want to make and how they can be made. Rehearse the awkward questions that may trip you up too. For radio, brief and accessible written notes can be a useful aid.

Be succinct : Rarely will your interviewer ask you to go into great detail about the issues under discussion. Select no more than three key points that you want to make, and make them clearly and forcefully. This will mean that in some instances you will need to answer questions in a creative way in order to get your message across.

Correct misinformation : By correcting misinformation early you are better able to put your case and prevent the issue from being side-tracked. It also allows you an opportunity to move the subject of the conversation back to the area of focus.

Never interrupt : It is rude to interrupt and will invariably weaken your position and the points you wish to make.

Make sure you've made the point : Even if you have to repeat it again and again. Some questions can lead you away from the point you wish to make.

Keep your temper : Don't be provoked. A cool, calm and collected interviewee is better able to make the point. No-one gains points by trying to be aggressive and bad-tempered in putting across a view.

The interviewer is merely a means to the end : Treat the interviewer as a channel to the outside world. Don't take their comments or questions personally.

Relax, be enthusiastic : If you are not interested in the subject, how can you expect the viewer to feel enthused?

Treat every microphone and camera as live : Anything you say or do before or after the interview could go to air.

The print media

Words should be chosen carefully when dealing with the print media. The process of moving your written or spoken words to paper can involve a great deal of manipulation, from reporter to sub-editor to editor. It is important to be as concise as possible and thus present material in a form that requires little manipulation.

Letters to the editor

A thoughtful, concise response to an issue or newspaper article may be accepted for publication as a letter to the editor. Letters should be transmitted as soon as possible to the newspaper to enhance the likelihood of publication. These days the letters editors often have an e-mail address. If not, send your correspondence by facsimile.

Sending press releases

Press releases should be limited to one page. Compose a clear and concise heading which attracts interest. Remember to include contact details and the date of the press release. Sometimes a photograph or a logo distributed with a press release can be a bonus.

Speaking to reporters

Journalists will often ask for background information about a topic that they are researching. If you don't want to be quoted say so clearly. If you are happy to be quoted but need a few moments to get your thoughts together indicate that you will call back. Sometimes it is useful to provide some written material that can be used by the journalist. This is where pre-prepared statements such as one or more of the relevant ALIA policy statements or some other easily-assimilated material can be invaluable.

Conclusion

The Lobby for libraries program is a fully interactive seminar with lots of exercises for participants. The practical aim of each session is to develop an advocacy plan on an issue of specific concern to individual participants or to a group of participants. We explore the best ways of exploiting promotional events such as Australian Library Week. We all put our heads together to solve problems. This way we know we can make a difference!

ADAPTING MARKETING TO PARTICULAR CONTEXTS

DE L'ADAPTATION DU MARKETING DANS LES SERVICES ET SYSTÈMES D'INFORMATION EN AFRIQUE FRANCOPHONE

Yawo ASSIGBLEY
Gestionnaire d'information
Ministère du Plan et de l'Aménagement du Territoire, Togo

RÉSUMÉ

Né du constat de sous-utilisation des services et systèmes d'information (SSI) africains vers la fin des années 80, le projet présenté dans cet article vise à adapter les principes et techniques de marketing des SSI occidentaux au contexte économique, politique et socio-culturel africain. L'auteur présente l'historique et le contexte du projet, les problèmes identifiés, les principaux axes de recherche, les résultats obtenus jusqu'à maintenant, les étapes futures et les retombées anticipées. D'une durée de cinq ans (1994-1999), ce projet est subventionné par le Centre Canadien de Recherche pour le Développement International (CRDI) et coordonné par l'Institut Panafricain pour le Développement en Afrique de l'Ouest et Sahel (IPD/AOS) et l'École de Bibliothéconomie et des Sciences de l'Information (EBSI) de l'Université de Montréal.

ABSTRACT

The project presented in this paper originated from the acknowledgement at the end on the eighties of the under-utilization of african information services and systems (ISS). This project aims to adapt marketing principles and practices of ISS coming from the occidental countries to the economic, political and socio-cultural context of Africa. The author presents the history and the context of the project, specific problems that were identified, the main research objectives, results obtained until now, the future stages of the project and the anticipated fallout. Planned over five years (1994-1999), this project was financed by the Canadian International Development Research Center (IDRC) and coordinated by the Pan African Institute for Development for Western Africa and Sahel and the School of Library and Information Science at Université de Montréal.

1. Introduction

La conduite des activités d'un service ou système d'information représente de nos jours, dans les pays occidentaux comme dans les pays en développement, une tâche considérable et il s'avère de plus en plus difficile de s'en acquitter convenablement sans avoir recours à des techniques de gestion. C'est ainsi que depuis bientôt une trentaine d'années la bibliothéconomie est sortie de sa «traditionalité» pour embrasser certaines techniques modernes de gestion empruntées au monde des affaires tel que le marketing. Mais qu'en est-il des services et systèmes d'information en Afrique? Y a-t-il également dans ce domaine un fossé entre les services d'information africains et ceux des pays développés? Si le marketing constitue aujourd'hui une des solutions pour ajuster les produits et services documentaires aux besoins et exigences des clientèles en vue d'augmenter le taux d'utilisation de nos bibliothèques, peut-il être appliqué comme tel en Afrique? Ou doit-on l'adapter aux réalités socioculturelles, économiques et politiques de l'Afrique? D'ailleurs, est-il si nécessaire et important dans le développement des SSI africains quand on sait qu'ils sont en perpétuelle lutte pour leur survie?

Toutes ces questions ont souvent été la préoccupation de nombreux spécialistes de l'information tant africains que non africains. Pour y répondre cet après-midi, permettez moi, Honorables invités, Mesdames et Messieurs, Chers collègues, de partager avec vous les premiers résultats d'une expérience que nous sommes en train de vivre dans le cadre de l'introduction des techniques du marketing en Afrique francophone.

2. Historique et contexte du projet

Cette expérience se passe dans le cadre d'un projet de développement d'un programme de recherche et de formation en management et marketing des services et systèmes d'information subventionné par le Centre Canadien de Recherche pour le Développement International. Ce projet d'une durée de cinq ans (1994-1999) a pour objectif principal « le développement d'un programme de formation en management et en marketing adapté aux spécificités des systèmes et services d'information, et aux réalités locales pour renforcer les compétences en management et marketing des professionnels de l'information de l'Afrique francophone au Sud du Sahara, par l'introduction de modules de formation dans les écoles de sciences de l'information et par l'instauration de sessions de formation permanente et continue ». Sa coordination est assurée par deux institutions : une du Sud : l'Institut Panafricain pour le Développement en Afrique de l'Ouest et Sahel basé à Ouagadougou (Burkina Faso) et une du Nord : l'École de Bibliothéconomie et des Sciences de l'Information de l'Université de Montréal au Canada. Deux équipes de chercheurs/formateurs (management et marketing) provenant de l'Afrique de l'ouest (Togo, Burkina Faso, Sénégal, Niger, Bénin, Mali), de l'Afrique du Nord (Maroc), de l'Amérique du Nord (Canada) et comprenant six professionnels en sciences de l'information formés en management et marketing et trois spécialistes en management général.

L'idée de ce projet est née avec les années 1985 quand les spécialistes de l'information africains et les organisations d'aides se sont rendus compte que, malgré les efforts consentis depuis plusieurs années pour développer les systèmes et services d'information, notamment la consolidation des infrastructures de base, l'informatisation des systèmes et services d'information, la publication de produits documentaires (bibliographies, répertoires), les services et systèmes d'information africains et surtout d'Afrique francophone sont restés sous-exploités et méconnus des principaux utilisateurs. Les causes essentielles de cette sous-utilisation résident dans l'inadaptation des produits et services offerts aux besoins réels des clientèles, à l'absence d'une approche marketing en direction de la clientèle et à une mauvaise appréciation des facteurs liés à l'environnement dans lequel ils évoluent. D'autre part, la formation dispensée dans les écoles de formation en sciences de l'information en Afrique francophone met l'accent plus sur les techniques documentaires (tels que le catalogage, la bibliographie, l'informatique documentaire, l'indexation, le classement) mais pas assez sur les techniques modernes de management et encore moins sur les techniques de marketing.

Mais depuis quelques années, nombreux sont les responsables africains des services et systèmes d'information qui s'intéressent à l'approche marketing. Celle-ci est perçue comme un outil indispensable de management, et surtout comme une technique permettant de mieux s'ajuster aux besoins des clientèles.

C'est ainsi que, pour appréhender la situation réelle des services et systèmes d'information africains en matière de gestion et pour évaluer les besoins du personnel de formation en management et marketing, l'une des organisations d'aides internationales, en l'occurrence le Centre Canadien pour la Recherche et le Développement International (CRDI), a commandité une étude en 1988[1]. Les résultats de cette étude ont permis d'identifier dans les SSI africains les problèmes de marketing suivants :

- la méconnaissance des clientèles et de leurs besoins;
- l'insatisfaction des besoins des clientèles;
- l'inadéquation entre les produits et services et les exigences des clientèles;
- la sous-utilisation des services et systèmes d'information;
- le manque de politique d'orientation service;
- l'insuffisance d'échange avec les clientèles;
- l'insuffisance de prise en compte des facteurs de l'environnement;
- l'inadéquation de circuits de distribution;
- l'insuffisance d'actions de communication marketing (publicité, promotion, relations publiques);
- l'absence de politique de tarification;
- l'absence de stratégie et de plan marketing.

Lors d'une réunion d'experts tenue en décembre 1992 sous l'égide du CRDI à l'IPD/AOS à Ouagadougou, pour étudier les possibilités et l'opportunité de développer le programme de formation en management et marketing des SSI africains proposé par l'étude précitée, les participants ont recommandé que le développement dudit programme de formation puisse débuter par des actions de recherche sur le terrain afin de satisfaire le besoin d'adaptation des principes et techniques de marketing aux spécificités africaines.

En effet, l'un des sérieux problèmes qui entravent le développement des SSI en Afrique demeure l'insuffisance de recherches en sciences de l'information menées par les professionnels africains pour adapter les outils aux réalités locales spécifiques. S'agissant de l'introduction du marketing proprement dit en Afrique, nombreux sont les chercheurs qui ont insisté sur une adaptation préalable de ces techniques au contexte spécifique africain. Parmi ces chercheurs, Renaud de Maricourt et Alain Olivier ont souligné dans leur livre « Pratique du marketing en Afrique » que pour « réussir dans les pays africains et contribuer réellement à leur développement, le marketing a particulièrement besoin d'être transposé aux cultures africaines ». Ce constat sur la nécessité d'adaptation au contexte économique, social, culturel et politique africain s'applique également au marketing des SSI. C'est pourquoi le cadre conceptuel du projet consiste dans un premier temps à conduire des recherches d'adaptation et ensuite, à travers la formation, les expérimenter et les valider sur le terrain afin de créer des outils adéquats en marketing qui répondent aux besoins spécifiques des SSI en Afrique.

En fait, les efforts d'adaptation des techniques du marketing aux réalités africaines ne sont pas limités seulement à la phase de recherche, mais sont présents à toutes les autres étapes du projet.

3. Les actions d'adaptation au cours de l'étape de la recherche

À partir des différents problèmes de marketing des SSI identifiés par les études et la réunion des experts, les chercheurs/formateurs canadiens ont développé dans un premier temps un cadre théorique basé sur la connaissance générale du marketing et du management des bibliothèques et des systèmes d'information. Ce travail a permis d'identifier six thèmes prioritaires de recherche qui sont :

- a- Théorie et concepts du marketing
- b- Recherche marketing
- c- Stratégie marketing et positionnement
- d- Communications marketing
- e- Audit marketing
- f- Planification marketing

Dans un deuxième temps, les chercheurs/formateurs africains devraient conduire des recherches sur le terrain en vue d'adapter le contenu théorique au contexte spécifique africain.

Au cours des recherches, ils ont vérifié, testé les différentes hypothèses et appréhendé la situation réelle de l'application du marketing dans les SSI africains au niveau de chacun des six thèmes. Les recherches ont été conduites en 1995 dans 25 systèmes et services d'information couvrant divers domaines tels que l'agriculture, le développement économique et social, l'industrie, la recherche scientifique, la lecture publique dans quatre pays : Maroc, Togo, Bénin et Burkina Faso.

Les principaux résultats suivants ont été obtenus à l'issue d'une période de recherche:

Au niveau du thème théorie et concepts de marketing :

- La plupart des responsables des SSI n'ont pas une idée précise du marketing, de sa théorie, et de ses concepts et fondements. Pour eux, le marketing se résumerait à la publicité. C'est en fonction de cette conception qu'ils ont tous affirmé ne pas faire du marketing dans leurs SSI. Mais, après les entrevues, ils ont compris qu'ils font du marketing sans le savoir. Donc ils ont fait « de la prose sans le savoir »;

- Les SSI enquêtés utilisent tous l'approche produit qui consiste à développer des produits et services documentaires et attendre que les clients viennent les utiliser.

Au niveau du thème recherche marketing :

- Les chercheurs/formateurs ont constaté que les différents SSI n'ont jamais effectué de recherche marketing en tant que tel, mais que environ 1/3 d'entre eux ont au moins une fois procédé à une étude des besoins des utilisateurs plus ou moins structurée et que les résultats obtenus ne sont pas souvent utilisés pour améliorer les services à la clientèle.

Au niveau du thème stratégie marketing et positionnement :

- Les responsables des SSI ne connaissent pas les segments de leurs différentes clientèles et n'ont jamais procédé au ciblage de celles-ci. Quant aux techniques de positionnement, ils ne les ont jamais pratiquées.

Au niveau du thème communications marketing :

- Les chercheurs/formateurs ont noté l'existence de quelques actions de publicité sur les mass médias et de confection de prospectus et de dépliants, quelques actions de promotion limitées à la formation documentaire, et très peu d'actions de relations publiques. Toutes ces actions sont conduites de manière éparse et sporadique sans être intégrées dans un plan de communication marketing.

Au niveau du thème audit marketing :

- Les responsables des différents SSI visités n'ont jamais entendu parler d'audit marketing et prétendent que cela ne pourrait s'appliquer aux SSI.

Au niveau du thème planification marketing :

- Aucun SSI africain n'a jamais élaboré un plan marketing. De plus, ils n'ont jamais procédé à l'analyse de leur situation pour connaître leurs forces, faiblesses, opportunités et les menaces auxquelles ils sont confrontés.

À partir de ces résultats, l'équipe des chercheurs/formateurs africains a développé des outils et matériels pédagogiques adaptés au contexte économique, socioculturel et politique africain et les a répartis dans six séquences :

- Séquence 1 : Les théories et concepts du marketing
- Séquence 2 : La recherche marketing
- Séquence 3 : La stratégie marketing et le positionnement
- Séquence 4 : Les communications marketing
- Séquence 5 : L'audit marketing
- Séquence 6 : La planification marketing

Ces outils adaptés aux réalités africaines comprennent des notes de cours, des études de cas, des dossiers documentaires, des exemples de questionnaires et de guides d'analyse de situation, de grille d'audit marketing, des modèles de plan marketing et de plan de communication marketing.

4. Les actions d'adaptation au cours de la phase de formation

La phase de la formation constitue également l'une des étapes essentielles dans le processus d'adaptation du marketing dans les SSI africains. À ce niveau, l'adaptation s'est faite dans deux types de formation. Une première formation, dite d'expérimentation, s'est tenue pendant cinq semaines dont deux pour le volet marketing en août 1996. Elle a regroupé 11 stagiaires provenant de six pays francophones d'Afrique de l'Ouest : Côte d'Ivoire, Bénin, Burkina Faso, Niger, Mali, Sénégal et Togo. Ils étaient soient directeurs de SSI, gestionnaires de SSI, enseignants ou responsables d'associations professionnelles. Pendant les deux semaines qu'a duré le séminaire du volet marketing, les chercheurs/formateurs ont présenté les premiers outils pédagogiques adaptés sous forme de cours magistraux alternés de travaux pratiques, d'exercices et d'études de cas. Munis de ces différents outils et matériels, les 11 stagiaires sont retournés dans leurs SSI respectifs et ont procédé à leur application pendant une période de six mois. Revenus à Ouagadougou au mois de mars 1997, ils ont présenté le rapport de leurs applications. Dans les rapports, ils ont soulevé les différents problèmes qu'ils ont rencontrés, les solutions qu'ils ont pu leur apporter et surtout le degré d'adaptation auquel ils sont parvenus. Après les présentations, les stagiaires ont procédé ensemble avec les chercheurs/formateurs à une autoévaluation générale du programme de formation et du degré d'adaptation des outils et matériels issus de la recherche. De cette évaluation, il ressortait que certaines techniques et méthodes de marketing ne peuvent pas s'appliquer en Afrique – en l'occurrence le fundraising dans les SSI dépendant des administrations publiques et certaines formes de publicité qui heurteraient la conscience et la culture africaine. Les discussions ont permis d'identifier les points forts et les points faibles de l'adaptation des outils et matériels didactiques.

En tenant compte de tous ces résultats de l'autoévaluation, les chercheurs/formateurs ont procédé pendant trois mois au réajustement du contenu des outils, en procédant parfois à des recherches complémentaires.

La deuxième formation, dite de validation, s'est tenue aussi pendant deux semaines pour le volet marketing à Ouagadougou en juillet 1997. Elle a rassemblé également 11 responsables de SSI africains et d'associations professionnelles. Les outils et matériels réajustés et améliorés leur ont été présentés. À l'issue de la formation, une première évaluation a permis de déterminer le progrès accompli dans le processus d'adaptation. Actuellement, les stagiaires sont en train d'expérimenter les nouveaux outils et matériels et retourneront à Ouagadougou en mars 1997 pour la présentation de leurs rapports d'application et participeront en même temps à la seconde autoévaluation du programme et des outils didactiques.

5. Les actions d'adaptation au cours de la phase de la dissémination

Les résultats de la deuxième autoévalution aideront à finaliser le programme de formation et l'adaptation à l'Afrique des différents supports d'accompagnement en vue de leur diffusion. La phase de dissémination comporte plusieurs actions, au cours desquelles le processus d'adaptation aux réalités africaines devrait se poursuivre. Il s'agit notamment :

- de la publication dans les revues scientifiques des articles sur les résultats obtenus sur l'adaptation;
- de la présentation des communications dans des colloques et congrès internationaux comme celui de l'IFLA des expériences vécues sur l'adaptation du marketing aux SSI africains;
- de la publication d'un guide pratique du marketing des SSI en Afrique;
- de l'organisation d'un colloque scientifique auquel seront invités des directeurs d'école de formation, des responsables d'associations professionnelles et des experts africains et internationaux en marketing des SSI.

Au cours de toutes ces actions de dissémination, les chercheurs/formateurs recueilleront les remarques et critiques pertinentes pour améliorer le degré d'adaptation du marketing dans les SSI africains.

6. Les actions d'adaptation au cours de la phase du transfert du programme

Le processus d'adaptation continuera au cours des actions du transfert du programme qui se fera en direction de l'IPD/AOS et des associations professionnelles pour les formations continues et les recyclages, et en direction des écoles de formation qui sont à Dakar (Sénégal), à Cotonou (Bénin), Abidjan (Côte d'Ivoire) et à Niamey (Niger). Dans le cadre de ces différentes actions de formation, les outils et matériels pédagogiques contenus dans le guide pratique du marketing des SSI en Afrique pourraient également être améliorés et mieux adaptés aux réalités spécifiques de chaque cas.

7. Conclusion

Comme nous pouvons le constater, l'adaptation est la pierre angulaire de ce projet pour l'introduction des techniques de marketing dans les SSI africains. C'est un effort constant et permanent qui doit faire l'objet de préoccupations quotidiennes de tous les professionnels africains. Nous ne devons plus appliquer les techniques développées dans les pays européens et d'Amérique du Nord dans nos SSI sans réfléchir sur la manière de les adapter aux conditions spécifiques africaines. Le contexte culturel particulier de l'Afrique est l'un des facteurs essentiels dont il faut tenir compte dans toute approche d'introduction des techniques occidentales dans nos SSI. Car, en oubliant cette « vérité de La Palice », nous ne ferons que du « plâtrage » et contribuerons ainsi par le manque d'adaptation à l'élargissement du fossé déjà existant entre les SSI africains et ceux des pays développés.

---

[1] Traoré, Amadou et Diagne, Mohamed Fadel .- *Rapport de mission d'étude sur l'évaluation des besoins de formation en gestion pour les spécialistes de l'information.* Dakar : Centre Africain d'Études Supérieures en Gestion, 1988

MARKETING OR PUBLIC RELATIONS: A STRATEGIC CHOICE FOR LITHUANIAN LIBRARIES

Dr. Audrone GLOSIENE*
Vice-Dean, Faculty of Communication
University of Vilnius, Lithuania

ABSTRACT

This paper focuses on the theoretical considerations of applying marketing and/or public relations in libraries and education for librarians in Lithuania. Although marketing is a widely used and approved tool for promoting library and information services world-wide, in developing countries such as Lithuania, it is more important to concentrate on public relations programs for several reasons: unstable environment, low status and prestige of libraries, and underfinancing of the library and information sector. Marketing is not a sufficient strategy to solve the profound problems of libraries. Public relations enables us to not only create an image but also forces the changing and improvement of the reality itself. These considerations are illustrated by two case studies carried out in Lithuania in 1996 - 1997.

RÉSUMÉ

Cet article traite des aspects théoriques reliés à l'application du marketing et/ou des relations publiques dans les bibliothèques et la formation des bibliothécaires en Lithuanie. Quoique le marketing soit un outil largement utilisé et validé pour la promotion des bibliothèques et des services d'information partout dans le monde, dans les pays en voie de développement comme la Lithuanie il est plus important de se concentrer sur les programmes de relations publiques pour plusisuers raisons: un environnement instable, des bibliothèques au statut et au prestige réduit, et un sous-financement du secteur des bibliothèques et des services d'information. Le marketing n'est pas une stratégie suffisante pour résoudre les graves problèmes des bibliothèques. Les relations publiques nous permettent non seulement de créer une image mais forcent également le changement et l'amélioration de la réalité elle-même. Deux études de cas élaborées en Lituanie en 1996-97 viennent illustrer cette analyse.

Marketing and public relations are no longer new and uncommon topics for library and information professionals. In many countries internationally, using marketing and/or public relations strategies in libraries and the information sector has become more a rule than an exception. In Lithuania these issues are still considered as rather fresh; they appeared in the professional vocabulary just a few years ago and today we can notice the first attempts to implement marketing and/or public relations programs in Lithuanian libraries. A course entitled *Public Relations for Library and Information Services* was introduced at the Faculty of Communication, University of Vilnius, three years ago in their BA program, and one year later we started to give a course in *Library Marketing* for MA students. These topics are discussed in the Lithuanian library journal *Tarp knygu*, are included in professional education courses and

* My participation in the IFLA Congress in Copenhagen was possible thanks to grants from Open Society Fund- Lithuania, Ministry of Culture of the Republic of Lithuania, Nordic Information Office in Vilnius and the Faculty of Communication, University of Vilnius.

receive great interest from the side of practitioners. *When a topic is new and fashionable it is likely to be applied with an insufficient degree of critical consideration.* In this paper an attempt is made to analyze which strategy is more appropriate for Lithuanian libraries to introduce - marketing or public relations – during this period of transition.

Marketing and/or Public relations: an odd couple

There are hundreds of different definitions of both marketing and public relations. Relations between these two concepts can be represented by four different sets of attitudes:

- I - marketing includes PR
- II - PR includes marketing
- III - PR and marketing as different activities
- IV - PR and marketing as different activities having some overlapping area.

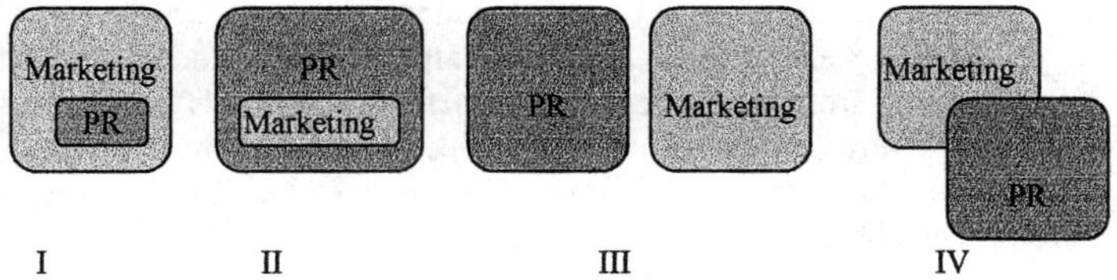

Marketing is an exchange relationship: a process providing mutual benefit to both parties in the transaction. Marketing helps plan how to provide a service which is in tune with what external customers want, and adds perceived value to the organization[1].

Marketing managers identify markets for the products and services of the organization. They supervise marketing communication programs to create and sustain demand for products and services. Public relations (PR) managers, in contrast, supervise programs for communication with the public - groups of people who organize themselves when the organization affects them or they affect it. Marketing and public relations serve different functions and public relations can not be excellent if it is subjugated to the marketing function.

Public relations is a management function which enables the organization to establish and maintain goodwill communication between the organization and its public. Public relations is usually associated with image building, creating positive public opinion and other tasks. But what is too often neglected, is that the image and identity are two sides of the same phenomena. Positive image can not be built on an incorrect or inadequate reality; that's why public relations should concentrate not only on outside targets however important they are, but on persuading the management team and the whole staff to choose and to follow such strategies that are beneficial for both the public and for the organization itself. To convince others of the value of the organization, one must first of all have a good organization.

When librarians think of public relations they too often think of it in the simple light of relations between the library and its users. Public relations has the goal of informing and of keeping the public informed about the library and its resources and services, yet a public relations program which begins and ends by concentrating solely on the users, actual or potential, can never hope to be more than a partial success. The libraries must project in different directions and to targets other than just the users. They must project internationally, nationally, regionally and locally to governing authorities, to educational institutions, to social services, to book trade organizations and other suppliers, and to the library staff itself. The crucial aspect of library staff and its management team is to, first of all, persuade the governing body to supply adequate and continuing financial resources for the efficient operation and development of the service. Librarians are to be adept at budget planning, report writing, they must be convincing in their replies to different questions; in general, they must have complete and detailed knowledge of the service. It is not only a question of training just one or a few staff members in communication, analysis and negotiation skills, it is a question of building strong organization with good services and with strong identity and defined organizational culture.

Lithuanian libraries in transition

Lithuania is a post-communist country. During the six years of independence the whole society, nation and state has undergone radical social, political, and economic changes, and so have the libraries and librarians. We are moving from an ideologically indoctrinated towards a democratic library system, from closed, inwards-oriented libraries towards open, user friendly information, recreation, education and cultural centers, from deeply centralized decision making to decentralized responsibilities for each library's profile and performance.

There were 3949 libraries in Lithuania in the end of 1996; 1491 libraries belonging to the Ministry of Culture, 2247 to the Ministry of Education and Science; there are 15 academic, 10 agricultural, 84 technical and 101 medical libraries. Lithuanian Library Law was introduced in 1995 and it primarily envisioned an essential reform of the public libraries. For the public libraries which were used to safe and state-guaranteed existence in Soviet times, transition to the new market orientation was a shock. Librarians were not ready to fight for their share of the budget, they considered it as an insult and in most cases took the defensive position. Proactive and «aggressive» management was not considered as suitable strategies for libraries. When the Law on the Fundamentals of Local Government was passed in 1990, libraries found themselves under the subordination and care of local authorities The needs of the libraries were not met with sufficient understanding. During 1991-1995 a total of 200 local public libraries were closed. Up until 1994, all figures representing library activities were constantly diminishing : the percentage of readers dropped to 22.8%, the book delivery to 15.4%. Changing social values and orientations, along with an unstable social and political situation had an influence on reading habits as well. Public libraries had the reputation of being ideological institutions during the Soviet period and that reputation can not be changed overnight. Libraries were losing their clients: only 17% of the population found public libraries worth visiting.

It must be stressed that Lithuanian libraries are exposed to challenges and pressures not only of a national character and special conditions; they also face the pressures of the same nature as libraries in other countries world-wide. Trends of modern librarianship require Lithuanian libraries to accept and introduce new thinking, new strategies and approaches.

Financial difficulties make Lithuanian library acquisitions and the whole operation very difficult. In 1993 the governmental subsidies for acquisition in public libraries were 211,5 thousand Litas which means 5 cents per inhabitant, and in 1996 it has increased 10 times: 55 cents per inhabitant. Grants by the Lithuanian Ministry of Culture could cover only 50% of financial requirements of libraries. For school library acquisition about 60 cents was allocated per pupil. Central libraries received 1-5 copies of most publications, which where directed mainly to central and town libraries. Village libraries, especially small branches, almost added no new books to their collections. There were cases of total yearly acquisition ranging from 5 new titles and from 10 to 20 copies. In 1994 central regional libraries' subscriptions averaged 110 titles, with 18 titles for town libraries and 2-10 titles for village libraries accordingly.

When the environment is turbulent and threatening, an organization, i.e. a library, faces problems which are not related to marketing. That is why public relations are to be chosen as the library's strategic priority in our country.

Image, reality and identity

PR has an aim to build mutual understanding between the organization and its public, to create and sustain a favourable and adequate image of the organization and profession as such, and to ensure and increase funding. These aims can not be achieved by marketing activities only. A library which offers a comprehensive, efficient and prompt service is its own best recommendation[2]. A library must be absolutely certain to be able to deliver qualitative service before shouting their qualities to the outside world. Good image can be created and communicated effectively only if it corresponds to the reality of the library itself. Using public relations as a management tool, not just publicity or advertising, is the key concept of successful library performance.

On the other had, library and information services, as Irene Wormell indicates, are difficult to promote in a meaningful way as information is intangible. The client of the information service can not really see what he is about to buy; «the product» does not exist until he has actually bought it[3].

The image is not what the library and librarians believe but what the client believes - or feels - about the library from his/her observation and experience, from what he/she knows about the library, and from what other people say about it. Strictly speaking, the library can not create the image. It can only create elements of the identity of the library and its reputation.[4]

PR involves the creation and maintenance of a favourable climate of opinion towards the organisation. Image creation itself is not adequate since the image must mirror reality, otherwise distortions will quickly appear and credibility will be lost. PR built on imagery alone is built on shifting sands.

PR is not a part of advertising. It is a separate area of communication. Its function is not to sell a product in a persuasive way, as does advertising; its functions are to create and sustain a favourable image of the organisation. This gives the customer an understanding and knowledge of the organisation, which creates good will towards it and helps make advertising work. In this respect, PR reaches the areas which advertisers cannot reach[5]

Library Reputation: Case studies

Two case studies were carried out in Lithuania in 1996-1997. The first one was the monitoring and evaluation of the library image in mass media, and the second one – a case study of the Alytus city public library.

During nine months of 1996 there were 98 articles about libraries in 4 main Lithuanian dailies. More than half of them contained brief information, i.e. short messages about events in the libraries. Only two discussions with a bigger group of participants and one interview with the librarian were presented to the Lithuanian reader. It means that libraries are shown in the press as an unproblematic and undynamic sector. Even more, the titles and the contents in most cases prove that libraries get media attention mostly in emergency or even scandalous cases. Poor premises, lack of seats, low salaries, ineffective performance, and insufficient funding are usually mentioned when writing about library issues. *In most cases the negative or neutral message is communicated.* It adds more negative features to the already wide-spread opinion about the library as neglected, inflexible and unwilling to adapt to the new environment. As in the worst case described in public relations manuals, libraries just face the fire rather than prevent it.

The case study of the Alytus city library could be called a success story; it demonstrates the importance of first creating the reality and only then the image. In operation for only four years, the Alytus city library has succeeded in becoming a visible and attractive institution in the community. Although the funding for the library is as modest as in other communities, library staff did not wait for better times- they acted. An extremely proactive leader, the chief librarian, created a good team, which was innovative and flexible. They have a very simple but essential aim: to create and sustain a good library for the community. What the staff of this library is concerned about is the library reputation's first of all; that's why they concentrated on a public relations program. The public relations program aims to improve the reality first and then to create a favorable and positive image of the library. There are several clubs functioning in the library, art exhibitions, meetings with popular authors, and discussions are organized regularly. Unexpected and creative decisions help to attract visitors, for example, a winner of the city beauty contest was invited to be a princess at the children's book festival- one night, an exhibition of nude male photos was organised and the vice major of the city was invited to open it. They created a reputation for the library as a dynamic (not slow and conservative - as usual), creative, even challenging but very attractive institution in the community.

The number of visitors to the Alytus city library increased from 12 thousand in 1993 to 32.3 thousand in 1996, the amount of loans from 51.6 thousand to 106.7 thousand. There were 76 visitors per day in 1996, and there are 122 this year. The chief librarian was nominated as the most popular person in the city for 1997.

Conclusions

In general there is no doubt about marketing as a useful and appropriate tool for library and information services in the market-oriented society. *Still there are circumstances in which marketing alone could not be a convincing and effective strategy for libraries.* When financing is more than unsatisfactory, when the image of the library in the society is very poor, when even increasing number of users and loans, and the amount and quality of the service do not influence the fiscal policy, marketing reminds one of building a sand castle which is ruined at the first moment that the public encounters the library and sees the reality. *If not supported by reality, the image advertising creates will merely aggravate distrust and cynicism. We should attempt to change organisational reality and have a life-like PR image that reflects that reality; a reality which an organisation can be proud of and which can be disseminated to all of its public. Further, this realistic image, when based on quality and customer care, can only help the marketing initiative and the overall customer orientation of the organisation.*

---

[1] Coote, Helen. *How to market your library service effectively*. ASLIB, 1994. p. 3.
[2] Harrison K.C. *Public Relations for Librarians*. 2nd rev.ed. Gower, 1982. p.16
[3] Wormell, Irene. *Success Factors for Fee-Based Information* S. Esbo, 1996, p.74. (Nordinfon publikation 36).
[4] Bernstein, David. *Company Image and Reality: a critique of Corporate Communications*. London: Cassel, 1996, p.55.
[5] Andeson, Alan H., Kleiner, David. *Effective Marketing Communications: a Skills and Activity-based Approach*. Blackwell Business, 1995, p.40.

MARKETING OF LIBRARIES AND INFORMATION CENTERS IN CHINA: A CASE STUDY

Du YUANKING
Director of Marketing Division
Institute for Astronautics Information
Beijing, China

ABSTRACT

The Institute for Astronautics Information (IAI) is a typical information centre in China, operating in the environment of a market economy at a primary stage. A detailed case study is provided for people to have a closer look of what is happening in the Chinese library and information community. To promote IAI's products and services, four categories of things are done including (1) making a list of what IAI can practically do; (2) user identification and analysis; (3) pricing of IAI's products and services; and (4) marketing to raise awareness of IAI. The purposes of marketing and eleven effective ways of promotion are discussed. Problems to be solved concerning future library and information services are presented.

RÉSUMÉ

L'institut de l'Information sur l'Astronautique (IAI) est un centre d'information typique en Chine, opérant dans un environnement d'économie de marché au stade primaire. Cet article présente une étude de cas détaillée afin de mieux faire comprendre ce qui se passe dans le monde des bibliothèques et services d'information en Chine. Quatre opérations sont effectuées afin de promouvoir les produits et services de l'IAI dont: (1) la préparation d'une liste de ce que peut faire concrètement l'IAI; (2) l'identification et l'analyse des usagers; (3) la tarification des produits et services de l'IAI; et (4) un marketing destiné à augmenter la notoriété de l'IAI. Les objectifs du marketing et onze manières efficaces de faire de la promotion sont discutés. Sont également présentés les problèmes à résoudre concernant l'avenir des bibliothèques et services d'information.

In China, there is a system of public libraries led by the Ministry of Culture, including the National Library of China, the provincial libraries, and the city and county libraries. There is also a parallel system of public information centres, guided by the State Science and Technology Commission, including the Institute of Scientific and Technical Information of China (ISTIC), the ministerial institutes of scientific and technical information (ISTIs) and the provincial ISTIs. There is also an academic library system belonging to the Chinese Academy of Science (CAS) and a university library system led by the State Education Commission.

The Institute for Astronautics Information (IAI) is a typical ministerial level information centre affiliated with the China Aerospace Corporation (CASC). IAI is the only authoritative information centre of its kind that provides a one stop shopping service for Chinese space-related scientific and technical information (STI). With the growth of a market driven economy in China, IAI had to learn to «swim in the sea of market economy». IAI reorganised its internal structure and formed a new Marketing Division. The members of the division are from the six different functional departments of IAI. This report briefly introduces the things my colleagues and I have done and the experiences and lessons I have learned as the head of IAI's Marketing Division.

1. First Things First: Make a List of What We Can Do

The first thing I did was to find out what IAI could actually do. I decided to make an operable list of all the products and services IAI could provide. In the history of IAI there had never previously been such a list.

With the help of some members of the Marketing Division representing different departments, I had gathered lots of basic facts. Then I put all the facts together with my own findings in the form of computer printouts and disseminated them to the senior employees of IAI, in order to reconfirm the authenticity of the facts. Finally, we got a better idea of what IAI can do.

1.1 Products

1) Chinese Aerospace Document Database (CADD)
This machine readable database has more than 80,000 bibliographic records covering part of the recent ten years' space related collections of IAI and the other five libraries affiliated with CASC. CADD has now got its CD ROM version.

2) Information Research Reports
Aerospace-related information research reports are mainly from the Research Department which produces about 50 reports each year. Publications (mainly periodicals): *Aerospace China* (Chinese edition with English abstracts), *Aerospace China* (English edition), *Space Technology and Civil Products, Space Industry Management, China Astronautics and Missilery Abstracts* (CAMA), *China Scientific and Technical Astronautics Reports* (CSTARs).

1.2 Services

The services that IAI provides are listed alphabetically. They are typical of many information centres in China.

1) Consultation Services
At present, we only provide certain kinds of research reports on certain topics in response to users' needs.

2) Database Searching Services
Some users visit the IAI library and seek direct assistance from our staff in searching certain databases for specific information subjects. We provide access to the Internet, to the National Library of China, to Beijing Document Services and have some databases on CD ROM.

3) Document Delivery Services
People from places other than Beijing especially welcome these services. A user can phone or write to tell us what article or report they want. Our staff will search IAI's and other information centres' collections to locate it, make a copy of it and mail the copy to the user.

4) Host based Searching Service for Dial up Users
There is a mainframe computer operated by the Computer Department of IAI. Over 800,000 records (from five databases) are loaded on the external memory of the machine. Any person who has a computer and a modem can access the databases through a telephone line.

5) Management Services IAI, since it was founded in 1981, has been appointed by the top administrative of the CASC (formerly the Ministry of Aerospace), to be the head information centre in charge of some managerial functions in guiding all the libraries affiliated with CASC.

6) Patent Services
IAI has a Patent Office to provide patent related services for inventors inside and outside the CASC. The staff of the Patent Office has the necessary certificates approved by the State Patent Bureau.

7) Publications Distribution Services
We distribute our publications and home made research reports to our users.

8) Reference Services
Answering queries from the administrative officials of CASC is now a top priority of IAI. The levels of reference services vary from spending a few minutes finding some statistics to spending a few days gathering documents and writing reports. Basic enquiry support and general guidance in the use of the collections are provided for all users.

9) Selective Dissemination of Information (SDI)
We offer the compilation of topical bibliographies and abstracting services in accordance with the users' specifications.

10) Training Services
Training services are provided for potential dial-up users and the information workers from grass-root information organisations (e.g. an information department of a research institute).

11) Translation Services
IAI has a group of qualified translators and interpreters. Most of them understand at least two languages. They are experts in Chinese, English, Japanese, French, German and Russian.

2. User Definition: Who are IAI's Users

Knowing about users (both active and potential) is a vital ingredient of marketing. IAI was created in the plan-driven economic environment. Its parent organisation was then the Ministry of Aerospace and is now the CASC. At present, most of IAI's financial support is still from the CASC. Therefore we consider the individuals or organisations representing the CASC to be IAI's major users (customers). We call them «internal users». All our other types of users are called «external users».

Originally, we took the financial support from our parent organisation for granted and just passively provided some traditional services to some users who happened to know IAI. Since the market economy is growing with tremendous strength, even the financial support from the government is allocated on a competitive base. Recently, customer oriented thinking and practice have had a pervasive influence on IAI staff. IAI has reordered its priorities and worked harder then ever before to provide quality products and services that appeal to our most important customer-- CASC.

We also realise that there is the chance of selling some spin-offs of our products and services to the general public. Even our main stream products and services can be shared by some related universities and organisations. For instance, before the establishment of the new Marketing Division, IAI had already begun selling some IAI produced journals to some external users.

Most users outside CASC are willing to pay for certain products and services they are ready to get from IAI. Thousands of people all over China subscribe to IAI's periodical *Aerospace China*. Some foreign space related libraries subscribe to our bilingual abstract periodical *China Astronautics and Missilery Abstracts* (CAMA), and further use our document delivery and translation services.

In order to get detailed and concrete information about our potential users, we search our own CADD to find out the corporate names, and finger through some international space related directories to get the addresses. We believe they will be the potential users who will probably pay to get our publications and services.

We have built a database containing information about our users. A very handy mailing list is maintained with the help of a PC. Analyses show that our users include government officials, researchers from inside and outside the CASC, students and teachers, the general public and foreign space related libraries and organisations.

3. Fee or Free: Pricing of IAI's Products and Services

There are so far no generally accepted pricing standards for information products and services in China so far. As we ourselves are often users of other information centres and libraries, we have been charged for some of the products and services provided by them. In most cases the charging is reasonable and understandable, but sometimes we feel it is unacceptbale. These experiences help in pricing our own products and services. Of course, we have to make some changes according to our own tenets. Most often we only charge to cover a portion of the cost incurred for the service provided.

Libraries and information centres are generally considered pro bono publico organisations. Traditional services like reading room facilities, on the spot lending, basic enquiry support and general guidance in the use of the collections are free of charge for all internal and external users of IAI.

We also don't charge our regular and important internal users representing IAI's parent organisation (CASC). We do almost everything we can to serve their information needs. IAI's periodicals and other publications are regularly delivered to their offices. Urgent enquiries from them are answered without delay. And IAI is always ready to provide them with needed research services, document delivery, report writing, translation services and SDI services. They have free access to all databases in our mainframe computer.

For the external users, there are charges for new services generated due to the introduction of new media and new devices. Host based dial-up use of databases in our mainframe computer can be charged in proportion to the connection time, or users can choose to pay an annual fee for unlimited connection time. When charging for the use of CD ROMs and on line searching, the following factors are considered: the cost of the installations, the manpower, and the amount of printing.

The document delivery fee is based on the amount of work involved in locating the document, the direct cost of getting a copy of it and the time allowances.

Charging for research services, expert consultations, translation and editing services, SDI services, patent related services and other value added services is more complicated. The recent practice includes direct negotiation between the service providing staff and the customers.

The Fee for training services must cover the direct cost of classroom renting, manpower, textbooks and manuals. Guided training on machines is usually free of charge.

Issues in relation to fee based information services and products are hot topics all over the world. Although I am in charge of a Marketing Division, I personally feel nostalgic for the time when all services provided by the library were free of charge. Three years ago when I was invited to a «meeting of experts» held by the National Library of China and asked to give my opinion about charging a fee for getting a book from a library shelf to a reader in the reading room, my comment was «intolerable». I still insist that, for the good of the society, all kinds of libraries and information centres should provide a set of free of charge standard services to the general public.

Generally speaking, the pricing policies are quite fluid at the present stage and may easily affected by the economic, social and political circumstances within which the libraries and the information centres are operating. At the beginning of our charging policy, we realised that most information seekers were parsimonious and reluctant to pay for some types of untraditional services they got from IAI. Lots of explanations were needed from our staff. But now things have changed a lot and people are accustomed to being charged for certain types of services. When we publicise a new version of the price list of IAI's products and services, we attach to it a note like «prices are subject to change without notice» and the work load of price related explanations is becoming smaller.

4. Marketing, Promotion and Public Relations: Raising Awareness of IAI and Its Products and Services

4.1 Purposes

In the competitive and market driven environment, marketing and promotion planning can be vital in securing the allocation of adequate resources for the information centre. The necessary amount of income for IAI to survive and grow should be generated from both the parent organisation CASC and the external users. And, at present, the percentage of the first part of IAI's income is still high.

In order to reinforce IAI's political and financial position in CASC and to get the support from the senior management of CASC during the budget allocation discussions, IAI needs to continually raise both its visibility to its internal users and its effectiveness in satisfying their needs.

And in order to gain paying users and sponsors so as to generate income for IAI, a continual effort of marketing and promotion is indispensable in bringing IAI's products (services) and their target users together.

Unfortunately, even until now, a good many people simply don't know IAI at all. I often hear people say, «I have never heard of IAI before» when I visit some research institutes. And the image of the librarians and information workers in their minds is often traditional and old fashioned. That means there are gaps between IAI's products and their users. My two years' experience as a manager of IAI's Marketing Division has taught me that there are lots of things to be done to publicise IAI's services, products and their contributions to its internal and external users.

4.2 Methods

My colleagues and I have intentionally spent a lot of time keeping telling people that IAI's task is to establish an information rich environment through providing the widest possible access to aerospace information for managers, researchers and students working in space-related fields. The following ways (listed alphabetically) are used to implement our promotion strategy.

ATTENDING EVENTS, MEETINGS AND EXHIBITIONS

Direct contact with individuals and organisations are of special importance in China for raising awareness of IAI and its services and products. Sometimes I am appointed to be interpreter and attend some important events and commercial talks. I make the acquaintances of some potential users if the occasion allows for it. During the intermissions and the time travelling in a car, I talk to the people around me, exchange business cards with them, and introduce IAI and, if possible, its products and services to them.

My colleagues and I have attended some important space related meetings and exhibitions to disseminate the sample copies of our publications, order forms, and handouts explaining our products and services.

CAREFULLY PLANNING MARKETING ACTIVITIES

Different marketing practices can be combined and co-ordinated to get the best result from promotion.

DEMONSTRATIONS AND TELEVISION BROADCASTS

Soon after the founding of IAI's bilingual reference journal *China Astronautics and Missilery Abstracts* and the start of IAI's host based database services, we organised a large scale demonstration in a well equipped hall at the CASC Headquarters. More than two hundred important people representing government, universities and industries were invited to attend the event. A videotape reporting the success of the demonstration was prepared for broadcast on the Beijing TV Station.

After this event, some small-scale outreach activities displaying IAI's products and services were organised. Transparent glass bookcases decorated and loaded with IAI's products are placed in the hall and the corridor of IAI's office building.

GOOD REPUTATION AND QUALITY SERVICES

The best way of letting people really know about IAI is to provide quality products and services, so that they can discover what IAI can do for them and how it can be useful. And if IAI is effective and helpful, users will be pleased and will tell others.

HANDOUTS AND BROCHURES

Providing written guides to the products and services a library or information centre provides is a traditional and effective way to inform users.

My colleagues and I have prepared lots of handouts and brochures explaining the details of IAI's dial-up user services, the procedures for using them, and addressing FAQs (frequently asked questions), and disseminated them, free of charge, to the people who should know about IAI. «A Guide to IAI's Products and Services» lists all the things that IAI can do for its customers and the related costs users are expected to pay. Detailed information about the location of IAI, how to get there, the telephone numbers and contacts for all the products and different services, are also provided.

INFORMATION SKILLS INSTRUCTION

With the rapid development of information technology and the exponential growth of the amount of information, many information seekers, young or old, often feel lost when they first visit a library or information centre. Little training in information skills is provided for students when they are in college.

One of the responsibilities for IAI's marketing staff is to provide one to one instruction during enquiries including familiarising users with the Boolean search or other search strategies. This can effectively eliminate the frustration encountered by newcomers to IAI and thus increase the most effective use of IAI.

We carefully redesigned IAI's old bibliographic journal and published the well-accepted new bilingual reference periodical *CAMA*. Careful instructions about how to read the six different indexes are provided through illustrations. We encourage university teachers to use *CAMA* to demonstrate the information-searching process, and join their efforts in teaching students how to search and locate relevant documents. Ten universities including Beijing University of Aeronautics and Astronautics, Northwestern Polytechnical University, National University of Defence Technology, University of Science and Technology of China, and Nanjing University of Science and Technology have been using *CAMA* as a training aid.

LECTURES
Giving lectures on new information technologies can be very effective in changing the stereotyped thinking about information workers within the minds of the audience and in raising their awareness and understanding of information services.

In 1995, I was invited by many organisations and institutes to give lectures on «information highway and STI searching». More than five hundred people attended those lectures. I have made best use of the opportunities to introduce IAI's services and products. Following each lecture there was a demonstration of dial up access to both the Internet and IAI's host based databases. Each time I brought with me a notebook PC, a modem and some auxiliaries, and established the connection before the eyes of the audience.

NEWSLETTERS
A «Space Information Work Newsletter» and other related newsletters edited by IAI are distributed among members of the Space Information Chapter of the China Society for Scientific and Technical Information (CSSTI). The staff of the Marketing Division actively write reports in the newsletters about new reports and services, events and meetings, and the recent arrivals of IAI's carefully tailored collections, in order to raise awareness of the value of the information available and to encourage its effective use. This makes people feel that IAI is always there to help.

NEWSPAPER/JOURNAL ADVERTISEMENTS
Advertising in certain newspapers and journals is already an established practice for selling IAI produced periodicals.

SEASONAL GREETINGS
We send greeting cards to people who have used certain kinds of IAI's services and supported IAI's marketing efforts.

USER SURVEY BEFORE STARTING A NEW SERVICE
The surveying process is in itself a process of telling people what IAI will do next, and a lot of feedback about current products and services can be collected at the same time. The reports of the survey are helpful for making decisions affecting future products and services of IAI.

5. Things to Be Improved: A Long Way to Go

As we are aggressively promoting our yet underdeveloped information products and services, we are sensible enough to know that the following problems needed to be solved in order to maintain healthy marketing and promotion plans.

LACK OF COOPERATION BETWEEN INFORMATION PROVIDERS
A lot of factors, including provincial and departmental interests, are causing fragmentation for the information market and prevent library and information services from fully utilising the resources available throughout China.

There is practically no operational national OPAC system in China. Most users have to physically approach a library or information centre to get a book or document. And there is no practical plan to connect the currently existing host based dial-up services. If a user want to reach 6 hosts, s/he has to make at least 6 different phone calls and type at least six different passwords. Saving is getting. Much still has to be achieved to save funds by eliminating duplication of the efforts of information providers (including libraries and information centres).

LACK OF EFFECTIVE EVALUATION OF MARKETING ACTIVITIES AND IAI'S PRODUCTS AND SERVICES

The evaluation of marketing and promotion activities can check the effectiveness of those activities and help to find better and more cost-effective ways of marketing. Tangible proof of the value of information marketing and of the information itself collected during the evaluation will be valuable for future marketing.

The evaluation of IAI's products and services can provide basic information about its overall performance. User satisfaction surveys can be a good method for such evaluation. If IAI can get high rating from its users, its financial and political position can be strengthened.

LACK OF MARKETING TO IMPROVE THE SOCIAL ENVIRONMENT

Promoting the relevance of the information services to the users' competitive advantage can encourage an information-oriented atmosphere within the parent organisation and in the society. This will be helpful in improving the social environment in which libraries and information centres operate.

LACK OF MARKETING SKILLS EDUCATION

IAI is determined to emphasise marketing and information access and wants to be a user first information centre. All the opportunities beneficial for marketing IAI and its products and services should be utilised to full effect.

We have already known the concept of «Total Quality Management». Is it possible to establish a new concept called «Total Marketing Management»? Marketing skills are not only important for marketing staff and the chief of libraries and information centre managers- information workers at all levels should get trained in promotion and marketing skills and be ready to practise them.

But it seems that no one is responsible for providing the needed training. People have to teach themselves through trial and error processes. International exchanges on library marketing and promotion, between librarians from both developed and developing countries/regions are seldom organised.

LACK OF SYSTEMATICAL USER NEEDS IDENTIFICATION (DEFINITION)

Strategic planning of marketing and promotion activities largely depends on good user analysis, but little has been done in systematically identifying users and their needs.

PENNY WISE AND POUND FOOLISH

As far as I know, it is a common practice in China that a marketing department of a library or information centre is both a sales department and a public relations department, and it is also responsible to provide bonuses (proportional to sales) for its staff. I am quite worried that this

kind of environment will easily for cultivate a snobbish spirit in a library or information centre and thus jeopardises the image and the future of our profession. We should not be «penny wise and pound foolish» in designing and practising our charging policies.
In my opinion, public libraries and information centres are not places for the staff to make their fortune. It is another common practice for many libraries and information centres that some of the buildings and offices be redeployed for other uses. This can lead to, for instance, smaller reading rooms for users, and the traditional role played by public libraries and information centres in promoting books and reading is likely to suffer.

THE INFORMATION POOR AND THE INFORMATION RICH

I have seen an obviously unbalanced development of library and information services across China. For example, there is no library at all in my birthplace of Yanwo Town close to the northern bank of the Yangtze River, with an area of 100 square kilometres and a population of 40,000. People there simply have no chance to get library services at all.

Unbalanced information resources distribution and the varied levels of accessibility of different groups of people, pose limitations on and challenges the practices of information marketing and promotion.

UNBALANCED INTERNATIONAL INFORMATION FLOWS

The inequality of information flows between developed and developing countries/regions is problematical. Take the Internet for example, it is an obvious fact that developed countries/regions speak a lot more loudly than all the developing world. The factors causing the unbalanced information flow include (1) language barriers; (2) lack of marketing skills, funds, trained staff, equipment and communication capabilities of the developing world; (3) national information policies; (4) lack of effective co-operation between the developed and developing worlds.

EPILOGUE

MARKETING IS AN ATTITUDE OF MIND

Hilkka ORAVA
Library Director, Salo Public Library
Finland

ABSTRACT

The author describes the approach to marketing at the Salo Public Library in Finland, emphasising that it is a question not of money, but of philosophy - the attitude of mind - that permeates the entire staff. She queries the approach of marketing which is usually seen as a set of techniques developed for the private sector, but which may not apply in the public sector. Examples of the approach of Salo Public Library are provided.

RÉSUMÉ

L'auteur décrit l'approche marketing utilisée à la bibliothèque publique de Salo en Finlande, soulignant qu'il ne s'agit pas d'une question d'argent, mais de philosophie – une attitude de l'esprit – qui doit imprégner le personnel dans son ensemble. Elle questionne l'approche marketing qui est habituellement vue comme un ensemble de techniques développées pour le secteur privé mais qui ne peut pas être appliqué au secteur public. On donne également des exemples de l'approche de la Bibliothèque publique de Salo.

Introduction

What makes a pub popular? I mean permanently popular, not just briefly fashionable. Is it the result of advertising and campaigning? Rarely, or at least only for a short while. What's essential is that supply meets demand, with expertise, good personal service, flexibility, the ability to cope with the unusual and, above all, interpersonal skill. If this works, then word of mouth takes care of the marketing- to a great extent, if not totally. If marketing isn't working at the service level, then all other marketing efforts are in vain and will achieve no more than passing results.

As library professionals we may feel ourselves rather academic, but why would a public library be any different in this respect from a pub or other service?

The comparison with «my local» says something about my starting point, which is: community librarianship. I'm not saying that one can succeed with the same concept in the public library at New York's 42nd Street. But most of the world's libraries are community libraries. That also applies to the branches of big city libraries. Christian Grönroos, professor of marketing in Helsinki writes: «a growing service firm, in order to remain market-oriented and be successful, will have to be able to combine the strength of being small in a local perspective with the strength of belonging to a large organisation» You may not have heard of this professor, but you may well know of Philip Kotler, who wrote the preface to this book.

Background

Finland, with a population of 5 million, has 452 municipalities, the median size of which is less than 5,000 inhabitants. Every municipality has a public library and, as the law prescribes, using it is free of charge. More than 20 loans, and 13 visits to the library, are registered annually per inhabitant—which apparently is a world record for the 90s. Library use focuses on getting information, education, and lifelong learning both professionally and personally. Almost all libraries are computerised and have database connections. Of the main libraries, 70% are on the Internet.

The town of Salo has over 23,000 inhabitants, many of whom work in high-tech industry. Nokia is the biggest employer. Unemployment is very low by current Finnish standards.

Salo Public Library has the highest usage figures in Finland: 41 loans and 26 library visits per inhabitant annually. In the early 1970s, Salo ranked below average in these national statistics, but later that same decade it came top although external circumstances were much the same.

Research in the early 90s showed that the library ranked second, equal with journals and newspapers as a source of information for everyday life. Compared with similar studies in other countries, this ranking is very high.

Friends and colleagues came first in the Finnish study, as they do in most others.

Easy to market library services

I maintain that nothing is easier to market than library services in a country where literacy is virtually 100%, where the government appreciates public libraries—in word and deed, and financially— and where using the library is free of charge. If the library hasn't got good standing in its community under these circumstances, something is probably wrong with the way it functions.

A Finnish mayor once said: «The library has contact, in a natural way, with all human needs and activities. So why waste time and energy trying to create new needs, when there are plenty of existing needs, conscious or latent, to which the benefit offered by the library can be directly connected?»

The question is: can we see this benefit from the user's point of view, and will we communicate in a way that relates to the user's needs? Or are we too busy selling the library, its collections and institutional values, or marketing our own values like the blessings of good literature, or whatever we may think is right and modern?

Despite my title, I shun the word marketing. Too often it's seen only as a bunch of techniques, which are supposed to take care of image and visibility, to create appreciation and popularity. Because they are developed for goods markets, these techniques rarely apply to the service sector; even more rarely do they apply to a service provided with public funding. Professor Grönroos, referring to Philip Kotler, says this about the marketing mix: «its 4 P's [product, place, price, production] constitute a production-oriented definition of marketing and not a market-oriented one».

Marketing library service is a question not of money, but of the philosophy— the attitude of mind— that permeates an organisation, and the entire staff. Goods are used, but service is experienced. The public image of a service within the community is born primarily out of the experiences of people. It crystallises gradually. We who work in the library are the most important marketing resource. The deciding factors are our own attitudes, our commitment to the community, to the people who are, indirectly, our employers.

Why am I «marketing»?

When I'm asked about the goals of my work, I define it something like this: to do my job in such a way that everyone is aware of the library and knows how to, and dares to, approach it and benefit from it. Note the word aware.

To inform is our basic duty— tax payers have a right to know what services their money provide. Then it's up to them whether they use the services or not. As well we know, there are many happy and wise people who don't need libraries or read books. Yet it's important that they know about library services. Once I tried to suggest to a municipal councillor—an active and happy person— what she could use the library for, but all in vain. Still, this non-user is important for the library. It's vital what kind of image she has of the services, what she knows about them and what she tells other people. Even a non-user can be a promoter.

Marketing in context

To market services, information about them must be placed in the right context. Age-group is not an appropriate context, but information needs and interests are.

By «marketing in context» I mean providing information about the library outside the library, in situations where people find themselves aware of their individual needs.

Why don't I use the term «targeted marketing»? Because it's dangerous to see people as targets. Information about library services must be integrated into people's daily lives. I believe that natural infiltration is a more successful strategy than aggressive campaigning.

Let's take a few simple examples. At least one parent of every Finnish child visits the child welfare clinic. The staff there gladly distribute a small leaflet that says what the library can offer in support of child care. When a family goes to a marriage adviser, facing divorce perhaps, they get a small leaflet listing appropriate books. When a business college has a course for future entrepreneurs, the library delivers small leaflets on how to start a business, on tax matters, on marketing and so on. When the Women's Institute, aiming to raise awareness of how to use plants from nature, arranges a drive in the market square, the library provides small leaflets telling what it has available on the subject.

You will have noticed that I repeat the word «small». These are not exhaustive (and exhausting) lists of material, but a few good tips; one A4 at the most, preferably an A5, with contact information, a friendly greeting, an invitation to express wishes if there are shortcomings in the services, etc.

When the local newspaper runs a special feature, on renovating your house for instance, there will also be a mention of what the library can offer. In the same way, the library gets mentioned when the local TV or radio does theme programmes. My next ambition is to establish e-mail lists of local interest groups so as to reach them directly when we have something to tell them.

In each community there are always new opportunities to tell people about library services in context. This costs nothing but the awareness to spot the possibilities, and the energy to grab them. When we reach a few interested people, the information will spread through them. These «secondary promoters» are actually more effective than the library staff—they are familiar experts in their field or hobby. It's false ambition to try doing everything yourself. Sometimes it's more effective to let others do it for us.

Marketing is interaction

As well as «context», for me «interaction» is another keyword, both within the library and outside it. Let me give an example from a Baltic town. The town's library has resources no different from the average in that country, but its popularity, and the degree to which it is appreciated, are exceptional. Why? Because its staff is highly committed to the community and integrated into it in many areas of life. The success of this library compared with others like it shows that attitude of mind is what matters.

Marketing services is not a separate function, it belongs to everyone. It's a way of working, a way of living.

Every staff member is like a visiting card for the library, even outside working hours. If I meet new people in my town, in a pub perhaps, I always tell them where I work, and I know many of my colleagues do the same. Taxpayer-employers have a right to know who works for them, and it's good because the service gets a face and a name, so the threshold to using it gets lower.

A central part of marketing the library is marketing the staff. Library directors should not hog the publicity. It is better for the library if more of the staff gets known through the mass-media in the name of the library.

A key marketing position is the service front-line. Every meeting with a client inside the library, or outside it, is a moment of truth and of opportunity. If the front-line is ill-equipped, fancy strategies from headquarters come to nothing.

People on the service front-line should know as much as possible about the services— much more than they need just to do their own job. The library wastes many windows of opportunity if the front-line job is seen narrowly as production-line work. At its worst, this results in the marketing of rules rather than service. Additionally, the service front-line is in a key position in the opposite direction as well: as spotter of shortcomings in the service, and conveyor of client feedback to the strategists at headquarters. Of course, user-studies are necessary every 3 or 4 years, but if systematic collection of client feedback rests only on these, we lose a lot of valuable information or get it too late.

User training as marketing

A brilliant opportunity for marketing and developing services in interaction is the training in library use and information searching that is given to school classes and other groups, provided they are not carried out in a stereotyped way and not centred around the librarian. For each group the needs of every participant should be assessed separately. Every visit should be based on interaction, where the librarian is receiving, not just teaching, or even preaching. When, for example, a teacher wants to encourage pupils to read more, all pupils will tell the library in advance what kinds of books or things they are interested in. On arriving they will receive a personal list of selected books according to their profile of interest. During the library visit the librarian will not lecture, but discuss with the pupils. After their visit the pupils will write their feedback in school, both about the visit itself and about the reading tips they received.

When students of Salo Business College had been introduced to information retrieval from their own field by the public library, they wanted to arrange an Information Acquisition Day, a small-scale fair, in collaboration with the library. A group of marketing students, with help from the library staff, planned and created a library fair, made a humorous video about searching for information, designed a questionnaire about the service etc. It was particularly pleasing to hear the final comment from the students during the feedback discussion: they said that by participating in the project they had learnt much more about what services the library offers, and now they will be able to share this knowledge with others. The fair was so popular that it will be repeated this year.

Marketing through user participation

When library users are involved, genuinely and regularly in day-to-day user-education and other interactive situations, the co-operation between clients and staff often results in services developing. The library should, on all levels, encourage and stimulate its clients to participate in the development of the library. In our clients—and here I mean both non-users and users—there is enormous potential as developers and promoters of the library.

Let's take acquisition as an example. It's misguided ambition (or poor professional self-esteem) to think that we should master every aspect of acquisition except, perhaps, for allowing clients to make the odd suggestion.

Behind all our activities should be the intention to interact with our clients. The better the interactive network that we manage to create with our clients 'who are the best experts on their own information needs and fields of interest 'the better our service satisfies the users. The service improves, and promotion comes as a bonus: active clients tell others who are interested about what has been acquired, and all involved feel that this is their library.

Word of mouth gets around

When do I feel we've been successful in our service and marketing it? I don't measure success by saying that 41 loans are registered for each inhabitant. These kinds of simple statistics are influenced by resources and many other factors.

But I do feel satisfaction when I observe that positive reports have got around. Researchers since sociologist Paul Lazarsfeld in the 50s agree that word of mouth influences our mental pictures and habits the most. I'm pleased about clients who visit the library almost daily. But I'm particularly happy when someone tells me that he has never been to the library before, but now he has this problem and a neighbour told him to come: they know how to find the right information here, and the service is good.

I also feel satisfaction when somebody living in the town brings her guest to the library and says she wants to show «our library that we are so proud of». That's the target: getting people to feel that it is *their* library and having them feel proud of it.

Grönroos, Christian, *Service Management and Marketing: Managing the Moments of Truth in Service Competition.* Lexington, Massachusetts, Lexington Books, 1990.